中国服务 创意无限
Chinese Hospitality Unlimited Creativity

U0772468

CHINESE HOSPITALITY
FINE CASES OF CREATIVE TOURISM PROJECTS

中国服务
旅游产品创意案例

（第五季）

中国旅游协会　编著

五洲传播出版社
China Intercontinental Press

图书在版编目（CIP）数据

中国服务，旅游产品创意案例. 第五季 / 中国旅游
协会编著. -- 北京 ： 五洲传播出版社，2024. 8. -- ISBN
978-7-5085-5251-4

Ⅰ. F592.6

中国国家版本馆CIP数据核字第20244UH232号

中国服务，旅游产品创意案例（第五季）

编　　著：中国旅游协会

出　版　人：关　宏

责任编辑：梁　媛

装帧设计：山谷有鱼

出版发行：五洲传播出版社

地　　址：北京市海淀区北三环中路31号生产力大楼B座6层

邮　　编：100088

发行电话：010-82005927，010-82007837

网　　址：http://www.cicc.org.cn，http://www.thatsbooks.com

印　　刷：北京市房山腾龙印刷厂

版　　次：2024年8月第1版第1次印刷

开　　本：710×1000mm　1/16

印　　张：11

字　　数：160千字

定　　价：56.00元

中国旅游协会会长段强致辞

中国旅游协会副会长兼秘书长张润钢主持开幕式

专家访谈(一)：传统旅游单一属性被打破,综合性创新性产品成为市场主流

专家访谈(二)：旅游与文化及多种业态深度融合,体现文化的内涵与文明的深度

高端对话

高端对话

　　2023年11月，第五届"中国服务"·旅游产品创新大会暨2023"中国服务"·旅游产品创新展在横店召开，我们共同见证了第五届"中国服务"·旅游产品创意案例的发布。发布会上，中国旅游协会郭丽娟副会长宣布了协会向全行业推介这些创意案例的决定。

　　中国旅游协会已经持续5年开展"中国服务"·旅游产品创意案例征集活动，第五届的案例特色更加鲜明，更体现了我们开展此项活动的宗旨，那就是以产品为核心，突出旅游功能，不断推进行业供给侧结构性改革，发现并树立代表"中国服务"水平的产品标杆，满足人民对美好生活的向往。

　　与前四届相比，第五届收集上来的案例范围更广、品质更高、模式更加有新意，且经济发达、旅游率先复苏的地区数量多。让我们惊叹的是，行业创新能力之强，很多企业百折不挠勇于改革的精神没有被疫情打败。第五届获得推介的8个案例是从收集上来的150个案例中脱颖而出的。在此过程中，专家的作用功不可没。从2022

年开始，协会聘请了多名业内知名专家，充分利用他们见多识广、专业水平高的优势，请他们推荐案例，并在最后环节号脉把关。除此之外，协会领导及秘书处领导首次分组带队到案例单位进行考察调研，亲身体验，眼见为实，保证推介的案例更具示范性、启发性和导向性。分析第五届获得推介的八大案例，"颠覆性创意、沉浸式体验、年轻化消费、移动端传播"是这些案例的共同特征，我们从中提炼，发现行业正呈现如下发展趋势：

一、旅游业在转型升级的过程中，成为乡村振兴、促进消费、振兴经济的重要力量

疫情之后，旅游率先恢复，对提振经济、促进消费、增强信心起到了重要作用。第五届推介的案例都在以上方面做出了突出贡献，是旅游业的表率。这其中被广泛赞誉并受到国际认可的是"阿者科计划"。这个项目是由最近获得联合国旅游组织第16届尤利西斯奖的中山大学保继刚教授发起主导的。他将古村落阿者科作为一块社会科学的试验田，不靠外来资本的介入，通过研究生驻村实践和当地政府配合，激发村民的主动保护意识，为乡村复兴、传统村落和梯田文化遗产保护，探索一条可持续的旅游发展道路。有人说这个项目不好复制，其实我们推介的所有案例都可以复制，也希望行业复制学习，但不是简单地照搬模仿，而是复制项目开发的理念、机制和精神。

二、旅游与文化及多种业态深度融合，体现文化的内涵和文明的深度

近些年，年轻人身着传统服装在街头或旅游景点拍照成为一股风尚。但如果在一个古城里，50%以上的游人都身穿汉服，甚至出现了大批汉服商家，汉服租赁、化妆、摄影跟拍、道具出租、娱乐等渐成规模的汉服经济集群，那给人的感觉就是一种震撼了。这就是与2023年山东淄博烧烤同属"现象级"大旅游事件的洛邑古城"汉服国风潮"。洛邑古城之所以火爆"出圈"，在于他们深度挖掘隋唐文化内涵，捕捉消费者需求，释放市场活力，将穿汉民族服装变成一条龙服务，使上下游行业融合发展，形成众多新型业态。

在第五届推介的案例中，我们欣喜地看到，有一批和洛邑古城一样依托上千年中华文明沉淀，创新演绎文脉传承，推动中华优秀传统文化"创造性转化，创新性发展"的项目。其中尼山圣境以儒家文化为核心，在孔子的出生地，以"明礼生活方式"为主题，再造了一个文明溯源之地，具有强大的感召力。浙江湖州桑基鱼塘是具有2500多年历史的生态循环养殖系统，荻港渔庄从一个鱼餐厅做起，推动桑基鱼塘成为全球重要农业文化遗产。20年来他们只坚持做一件事"保护、传承、利用、宣传桑基鱼塘"，不但解决了村里600人的就业，而且让村民游客和桑基鱼塘，呈现出一派生态系统平衡共融之态。

三、传统旅游的分类被彻底打破，项目设计与开发综合性创新性日益突出

如果按传统旅游业景区、酒店、旅行社分类，很难准确地将第五届获得推介的案例归类。事实上，这个趋势在前几届已经比较明显，只是本届更加突出。这些以独特的景观和地域文化为核心打造的综合体，就是旅游目的地，集吃、住、行、游、购、娱一体，为游客提供了丰富多元的休闲度假体验，无论哪个年龄段都能在其中找到舒适的生活方式。在多样化的体验中，创意、创新层出不穷，让游客来了又来。比如，乌村保留了原有村落的建筑、肌理、文脉，对原有建筑进行组团式改造，植入高端现代化服务设施设备，每个住宿组团都配套了餐饮休闲吧、读书角、休闲娱乐室等公共空间；在运营上，引入国际领先的一价全包套餐形式，将食、住、行和30多个项目打包销售。游客从一进门到离开，都有一位集景区导游和活动指导参与于一身的工作人员陪伴，提供面对面的近距离服务。

第五届推介的案例中，"声入姑苏"不同于其他大型综合项目，它是由声音主导感官，故事串联景观，以"小而美"的方式赢得了专家的认可。在苏州拥有2500年历史的平江路上漫步，你能想象戴上耳机听着声音游览这座古城吗？游客既是观众也是演员和队员，沉浸式体验由戏剧等多种元素组合而成的故事。"声入姑苏"用新颖的声音剧场成功俘获了年轻消费者的青睐。

四、针对不同年龄段的消费者展开精准服务，吸引更多回头客，亲子和研学旅游变得不可或缺

近年来，旅游服务对象年龄下移，亲子游越来越受重视，疫情之后，研学旅游成为市场生力军。在尼山圣境，我们看到成群结队的中小学生身着礼服，在72米高的孔子像前行礼，幼儿园的小朋友在家长的带领下进行马拉松比赛；在乌村文化中心里，有可以同时容纳几百个孩子玩乐高积木、攀岩、手工DIY等寓教于乐的活动场地，各个年龄层孩子都能找到适合自己的项目，家长还可以将孩子托管给工作人员，自己享受假日。获港渔庄专门成立了湖州鱼桑文化研学院，在当地培养了一支由村民组成的100多人的研学导师团队，围绕湖州桑基鱼塘历史人文和鱼桑农耕习俗，先后开发了探鱼源、捕鱼乐、品鱼味、画鱼情、读鱼诗、拜鱼神等40多门研学课程。

五、房地产企业转型文旅值得关注，主客共享成为乡村旅游、古镇旅游等目的地旅游的开发理念

2023年，新东方成立文旅团队，像一股旋风席卷而来，为行业注入了生机。与此同时，在业界一直以"房地产+酒店"著称的开元旅业也专门成立文旅集团，将重心转向文旅。由开元文旅设计运营的柯桥古镇十二风雅集，以江南十二雅事作为体验主线，延续江南市集的烟火气息。柯桥十二风雅集选择符合当下年轻客群的审美与偏好的业态，一年十二个月，月月有市集，场场不相同，集结了一批热爱生活、怀揣理想的民艺从业者、趣物分享者、文创开发者、音乐爱好者。柯桥十二风雅集将古镇和市集融合，创造了一个独特的环境，为游客带来了更多的选择和体验，同时也为当地居民提供了商机和社交场所，让主客共享传统的古镇建筑和文化，以及在现代化的市集中购物、品尝美食等诸多乐趣。

主客共享可以说是第五届的推介案例的共同发展理念，以建设"世界博物馆小镇"为目标定位的成都市安仁古镇，常态化开展居民生活培训，引导居民对自有空间实施生活化、场景化和美学化改造，新增餐饮、民宿50余家，实现了"绿地变公园、居民变景民、社区变景区"。2020—2022年，全镇从事与文创、文博、文旅相关产业人员比例达到60.1%。而"阿者科计划"、乌村微度假、洛邑古城、尼山圣境、获港渔庄等都为当地富民、为游客与当地民众共同享受旅游成果做出了贡献。

不久前，国务院办公厅印发了《关于释放旅游消费潜力推动旅游业高质量发展的若干措施》，从加大优质旅游产品和服务供给、激发旅游消费需求等多方面，为旅游业高质量发展提供了指引，旅游业再次被寄予厚望的同时，也面临着更多机遇与挑战，我们相信旅游业高质量发展应该努力走在各个行业的前列！我们要满怀信心，为促进经济繁荣和社会进步，贡献我们旅游人的担当和力量。

中国旅游协会会长 段强

目录

01　前言

001　阿者科计划
高校技术援助的旅游减贫实践

018　柯桥古镇十二风雅集
文旅融合发展的传承与创新

034　洛邑古城
穿越千年繁华，尽览人间烟火

051　专家访谈（一）
传统旅游单一属性被打破，综合性创新性产品成为市场主流

074　沉浸式感官体验剧《声入姑苏》系列
戴上耳机，用声音重新打开一座城

084　专家访谈（二）
旅游与文化及多种业态深度融合，体现文化的内涵与文明的深度

105　安仁古镇
"三个坚持"打造开放式5A级景区典范

115　荻港渔庄
根植全球农遗，农文旅深度融合致力共同富裕

124　高端对话

144　乌村乡村微度假目的地
乌镇的村子，亲子的乐园

155　尼山圣境
当代精品，未来遗产

开篇语：

　　"阿者科计划"为中国高校技术援助发展乡村旅游提供了成功范例。从经济开发主体和模式来看，"阿者科计划"拒绝了外部资本主导乡村旅游开发的常规模式，选择了保留社区原住民作为主体参与力量，不断通过高校技术援助来培育社区自主发展的能力。从分配结果来看，"阿者科计划"在保留社区产权的前提下，最大化保证分配公平，通过重构分配制度设计巩固了脱贫攻坚成果，导向乡村共同富裕。从文化传承角度看，"阿者科计划"保护了乡村的文化原真性，有效控制了商业化。从治理的角度，"阿者科计划"的驻村研究生引导村民开会解决旅游发展过程中遭遇的乡村现实问题，逐步提高村民民主参与乡村公共事务的治理技术、意识与能力。"阿者科计划"将继续为旅游促进减贫、旅游驱动乡村振兴提供更多借鉴意义。

阿者科计划
高校技术援助的旅游减贫实践

　　阿者科是一个非常美丽的地方，但这样美丽的地方因为地理位置特别偏，实际上非常贫穷落后。2023年，我去过4次阿者科。每次去，都是先坐飞机到昆明，再从昆明坐6小时汽车到村里，或是直接从广州坐7小时20分钟高铁到弥勒，再坐4小时汽车到村里。无论怎么走，都需要花一整天的时间。阿者科的地理位置已经快到和越南交界的边境上。

　　然而，这里的贫困却也算是富饶的贫困——阿者科拥有世界级的梯田景观。1000多年来，哈尼族在这片没有平地的土地上开山辟土、辛苦耕作、种植水稻，形成了世界上最壮观、最美丽的梯田景观，82万亩梯田，超过菲律宾、印尼、泰国的梯田，超过湖南、江西等其他地方的梯田。梯田旁的茅草房屋顶像云南的蘑菇，所以被我们称为蘑菇房。建筑学家非常欣赏这样的蘑菇房，但是这样的欣赏只是一种传统民居的典范，并不是现代社会的人愿意住的屋子。十几年前，我的博士生在这里调研，一个村民就和他说："蘑菇房是你们城里人想看，不是我们想住的，你们城里人为什么不住，为什么要我们住？"

这就给了我们很大的启示，这样的传统建筑是当年的生产力水平低下、建筑水平不适应自然的结果，却不是今天我们想要的东西。但是，为什么阿者科65户人家会保留了将近60栋蘑菇房呢？因为阿者科不通公路，所有的建筑材料都要靠马驮、靠人背，才能运进来。而且背货的都是中老年阿嫂，因为年轻人都出去打工了。

因为建筑材料运输实在是太难了，这个村的建筑没有太大的变化。一些经济条件稍微好点的人家搬到阿者科村上面的牛倮普村去盖房子了，只有几户条件稍微好一点的在阿者科村盖了钢筋水泥房。所以，阿者科成了我们元阳梯田遗产核心区82个村庄里唯一保护得比较完整的村庄，也成为红河哈尼梯田申报世界文化遗产的5个重点村中最重点的一个村。

申报世界文化遗产的时候，当时的李维县长答应村民会保护好传统建筑，申报之后把公路修到村里去。2013年世界文化遗产申请成功后，李维县长成了县委书记，准备兑现曾经的承诺，但他又担心修了路，交通便利了，村民会大拆大建，把村子原本的特色全拆没了。于是，他找到了昆明理工大学的朱良文教授，希望通过对传统建筑的适当改造，同时满足对传统建筑的保护和对村民生活的改善。朱良文教授先改了一栋建筑示范楼，通过空间结构调整来扩大建筑使用面积，以改善村民的居住条件。建筑改造试点工作很好地保护了阿者科的蘑菇房建筑，但老百姓还是想追求更多的发展。于是2018年，李维书记邀请我到阿者科调研。

我家就在距离阿者科村大约50公里的地方，但是我不会讲本地话，也听不懂哈尼话，于是邀请了红河学院选拔出来的25位会讲哈尼话的学生，跟我团队里的学生、老师一起对遗产核心区的35个自然村展开入户调查，共调查了5682户村民。因为当时有1000多户无人在家，只填写了基本户籍资料，所以真正入户访谈调查的是4277户。

我们调查的主要结论是当地面临空心化、低收益两大问题。"空心化"主要是指当地生活着大量的老人、妇女、儿童。"低收益"指的是一亩水田投入1800—2800元，只能获得400多公斤的收成，产生的经济效益也就2000多元，实际上是不挣钱的。但是哪怕不挣钱，就为了吃饭，村民也要种田。村民有粮食心里才踏实。在调查了整个元阳梯田的情况之后，我们发现当地的农村发展和保护问题很严重。如果这片土地不能给他们创造更多的收益，他们是无法持续耕种下去的。无法持续耕种下去，梯田这样的世界文化遗产景观就会慢慢消失。

要解决这一问题，只有两个办法：一是从土地中获得更多的收益，二是从土地之外获得额外的收益。土地之内的收益，政府引导村民采用养鱼、养鸭的"稻鱼鸭"综合种养模式来增加收益，但是效果不是很好。

另外一个办法就是通过旅游业从外部带来效益。虽然政府可以用建立梯田保护基金的方式来补贴种田，但要符合中央耕地补贴政策，当地政府补贴种田能做到200元/亩，基本上是杯水车薪。增加外部收益的另外一个办法就是发展旅游业。于是，我们团队接受李维书记的邀请，选择阿者科来做旅游增收的工作试点。

从2018年1月进入阿者科村做调查，3月完成"阿者科计划"的文本，6月派人驻村，直到10月开始试营业。派去驻村的小伙子看到国庆节游客多，就招募了几个村民，开始收费管理。然而，当时我们收费申请还没有批下来，最后的结果就是——我们被人告了。有人向云南省文旅厅举报我们乱收费。于是，阿者科项目收费12天后，就叫停了。我们又用了5个月的时间申请批文，直到2019年2月份，云南省文旅厅终于给了我们3个月的试营业期，收费标准定为：30元古村落体验费。

从2019年2月重新收费经营，到现在65户累计分红平均每户是22000多元。我们一共14位员工，其中7位清洁工是一点文化都没有的中老年妇女，负责打扫村里的卫生，每月工资800~1000元，一年每个人也有10000多元工资收益。在游客中心工作的4位阿嫂，她们会卖票，工资2000多元，如果带游客团讲解，会有额外的奖励。这样的发展模式下，阿者科村民在保护自己的文化遗产的同时得到了收益。

阿者科所在的哈尼梯田区域实际上非常有名。21年前世界上最有名的杂志《科学》（*Science*），发表了一篇华大基因的基因测序的文章，当时的杂志封面用的就是这里一个叫做"螺丝田"的地方。之前大家不知道这个地方在哪里，找了很长时间才找到。所以前两年，华大基因去这里流转了一部分田来做水稻的实验，他们找到了21年前发表文章所选的封面照片。另外的梯田多依树、老虎嘴，也都是在1000多年世世代代的开垦中无意形成的景观。

一家旅游公司从2008年开始在这里开发旅游资源。当地的哈尼族是一个特别善良的民族，虽然没有从旅游开发中得到过任何收益，却从未和旅游公司发生过争执。但是，现在我们在帮他们争取利益。当然，现在地方政府也意识到了这个问题。

在这里，经常天不亮，奶奶就带着孙子孙女去卖鸡蛋，小孩子穿着民族服装跟游客拍照，然后收5元拍照费。游客一开始很开心，但是被要5元之后很不舒服，更不舒服的是这些小孩子本应该上幼儿园了，却被拉到外面去当"拍照道具"，为什么？就是因为穷。所以我们想要做一个旅游减贫的实验，也是一个社会实验，但对村民来说却是一个实实在在帮助他们的项目，而对政府来说，这个项目能帮助他们解决脱贫攻坚与遗产保护的难题。

向教育部汇报项目时，我一直强调，旅游是有学问的。这个学科能出长江学者，如果下一步能出一个院士，那就能证明旅游是有学问的。

在阿者科做的这个旅游减贫的社会实验，实际上有20年的社区旅游研究的积累。2000年，我在广西龙胜梯田拍了一张破坏农田的照片。为什么要破坏？因为村民想在这里修一个房子当小卖部，卖点冷饮，赚点钱。因为龙胜梯田的门票经济的分配制度没有设计好，没有约束性的措施，比如要求村民获得分配的同时要保护梯田景观。所以，在没有获得利益的时候，只要人家有宅基地，他们自己想干什么，有土地就直接干了。所以20年后在阿者科的时候，我的团队有了更多经验。设立村集体企业前要求建立了好多规章制度或者叫新的村规民约，要村民签字、盖手印。村民们都同意了这一系列的制度约定后，我们才成立公司（村集体企业）。正因为有这些前期工作的铺垫，我们才能顺利地推动这个项目。政府派去的青年干部王然玄，去村民家一家一家谈。他到村民家里吃饭，为了能顺利地沟通，陪着村民喝酒，喝完酒好跟村民谈工作。谈到最后大家同意了，签字画押。

我们最后跟政府商量，阿者科旅游开发后的收益，村民占70%股份，以村落、生活方式、梯田等景观入股，政府出资300万元，占30%股份。我的团队作为技术援助，不参与任何分成，就当裁判，做管理者，做一件公平公正的管理者以及市场开拓者的工作。

不租不售、不引进社会资本、不放任村民无序经营、不破坏传统，这四点是我们跟政府、村民达成的一致意见。比如，我们项目刚开始，就有公司想用1800万元把村民都搬走，然后开发为精品民宿。如果在我们介入前，只要有人愿意给每户村民30万元，就一定可以搬走村民。村民找块地重新盖房子，这个村子就落到了资本手里。如果落入资本手里，阿者科就会变成一个空心村，乡村文化就没有了。所以我们就约定不引进社会资本。做了40年旅游研究，我知道这里不需要太多钱投资，我们的项目实实在在没有花多少钱，我们花得更多的是智力。

到现在，我们有10批共20人驻村，很遗憾的是男生太少了，只有一个男生。不过接下来两年，应该会有几个男生参与这个项目。参与项目的女生都很棒，很多都是从小在城市长大，还有留学回国的，她们来到这个村子，一住就是六七个月。最长的驻村队伍中唯一的男生杨兵，住了14个月。当时叫他去驻村，杨兵的妈妈问他："你是不是得罪老师了？你就是从重庆一个县城出来的，好不容易奋斗到广州了，怎么让你到村里面去，还一个人去。"

但是这么几年过下来，他的博士论文在这里完成了，还获得了中山大学的优秀博士学位论文奖，他发表的论文得到了旅游学刊的年度优秀论文奖，也得到了国家文旅部数据中心评选的论文一等奖。整个"阿者科计划"也得到了中国地理学会评选的"中国地理科学十大研究进展（2022年度）"。

其他参与驻村的学生也都很有收获。只要有这段经历，他们在申请境外学校留学时，境外院校在评估他们的时候给分都会比较高。

村里工作条件是很差的，一开始跟村民开会，只能在农户家里围着火塘灶台开。当制度商定好之后，我们把分红细则、"阿者科计划"的基本模式框架刻成两块木板放在村口，让村民天天看到，也让游客了解我们在做什么样的事。

国家旅游部门前几年曾发起"厕所革命"，红河州申请到给元阳县建4座"五星级"旅游厕所，其中一座就在阿者科。我去的时候，阿者科的这个旅游厕所就建在村口最好的位置上，二层楼，占地100多平，一直关着门，没有水、没有电。后来我跟县委书记商量，能不能把它改成一个旅游中心，然后另外选址盖了一个旅游厕所。这样就能把一座闲置的旅游厕所重新利用了起来。

我们的学生自己买无人机拍摄，自己做视频、自己做宣传，游客中心播放的几分钟旅游宣传视频也是我们做的。因为如果请专业团队做视频，1分钟1万元钱，一个10分钟的视频最少要10万元钱。我们没那么多钱，就自己干。

2019年3月8日，阿者科村第一次分红，村民终于相信：这个团队真的会为他们做事。王然玄跟我讲，有的老人是这辈子第一次拿到1600块现金。2019年8月，第二次分红的时候，我们中山大学党委书记亲自去阿者科看我们的驻村学生。

2020年1月21日，阿者科村第三次分完红，第二天武汉因新冠疫情封城，三年抗疫拉开帷幕。2022年，我们非常困难，只分了一次红。但分红之前，在中山大学口腔医院工作的两位老乡在得知我们的这个项目后，说要去阿者科做义诊，还给阿者科捐了很多卫生用品。他们很细心地为村里的孩子和老人检查口腔，然后告诉我，他们的牙齿比城里孩子的牙齿要坏得多。因为这些孩子的父母在外打工，为了弥补孩子，就会给他们零花钱。孩子们就会买很多零食吃。爷爷奶奶对口腔卫生保健也不懂，不会监督他们刷牙。义诊之后，好多孩子才开始刷牙。两位医生还嘱咐让我的学生隔几个月给孩子们涂一次氟，并监督他们要开始刷牙。

2021年，阿者科项目的收益并不算太差，3月时每家人分了3000元，10月份又分了3000元。但2022年就差了，只分了一次红。

2022年分红以后，村里一位做清洁工的阿嫂跟我们说，分红有就多分点，没有不分也行，他们都知道疫情对我们项目带来的影响。这次，中山大学眼科医院的医生去给阿者科村民做了眼科义诊，给他们送了老花镜、近视镜。没想到眼镜寄过去后，却引起了村里没有眼睛疾病的村民的不满，他们觉得自己没有收到眼镜，吃亏了。我们只能跟这些村民解释，说是你们赚了，你们眼睛健康，才不需要佩戴眼镜。

中山大学第一附属医院是我们中山大学最好的综合医院，一附院的书记当时就承诺，2023年春节之后再组一个医疗队，专门针对老年人去做一些义诊。我也让驻村的学生把村里65户人家摸排了一下，发现村里的老人几乎都有风湿病，这里海拔1800米，湿度比较大，大家都是用冰冷的山泉水洗漱，所以他们多半到了一定年龄就会出现关节问题。

2023年1月，第七次分红大会，我们没敢分完，想留一点预防着，就怕再有疫情。2023年6月份，杨兵博士毕业典礼的时候，我们请了5位来自阿者科村的优秀学生。还联系了广州长隆动物园，让孩子们去动物园参观。这趟旅游之后，每个孩子都写了日记，立志要更努力地读书。

2024年，我们争取再多邀请孩子们去广州参加驻村学生的毕业典礼，以后每年都趁这个机会让这些孩子都见见世面。因为2023年去参加杨兵毕业典礼的一个孩子在日记里写道："世界都没见过，又怎么形成世界观？"所以我们要让他们从大山里出来见见外面的世界。

2023年8月5日，中山大学的校长高松院士去阿者科村给村民分红，这次每家人平均分到了9300元。2023年分配比例最高的村民，每家分到了12000元，是我们项目启动以来最好的年份。2024年肯定会越来越好，分红应该还会超一点。

我们的分红机制是4∶3∶2∶1。保持蘑菇房分配40%，种田分配30%，居住在村里面分配20%，户籍分配只有10%。如果村民家里的房子是钢筋水泥房，那么40%的分红就没了。我们项目进驻之前，村里有6栋房子租给了公司，村民则搬走了。尽管村里还保留了他们家的蘑菇房，但一旦租出去了，蘑菇房的分红也只能是20%，就相当于扣掉一半的蘑菇房分红。另外，如果村民没有居住在这里，又会扣掉20%。所以，有一部分村民是只能拿到60%分红的。当分红总额为10000元时，这部分村民会损失4000元；如果分红总额到20000元时就会损失8000元。所以钢筋水泥房的村民，有一户已经在政府的帮助下，把房子重新恢复成了蘑菇房。最近又有一户村民希望得到政府的帮助，恢复蘑菇房。但是政府目前还没有专款来做这件事情，还得等相关资金到位。这就相当于通过分红机制让村民来保护传统的建筑。这是我们工作的第一层面：让大家脱贫，慢慢形成文化自信。

工作的第二层面，我们希望是可持续、有序地发展就业。村里现在直接就业的村民有十几个，间接就业的开了好几个餐馆，还有一些以前在外打工的村民，也回到了阿者科，在本地谋生。

我们工作的一个深层次的设想，是做乡村治理。就是公平公开、一事一议。虽然在项目启动的同时我们就制定了产权分配规则，但是在真正执行过程中，还是会不断出现新的问题。比如，当时的规则没有说孩子伸手跟游客要钱怎么办。当我们发现这个问题后，就补充了一个规则：要一次钱，被抓到了就从他们家分红扣100块。自从我们执行一次惩罚后，很长时间就没有出现过这个要钱的乱象。

我认为这种乱象能被制止，有两个影响因素：一是熟人社会脸面上过不去。大家都不朝游客要钱，只有你一家孩子要，就说明你家的孩子没教育好。第二，因为孩子朝人要了5元，被扣了100元的分红，村民还是会心疼的。所以道德重要，但是规则更重要。

我们对阿者科运营的收入情况是公开透明，每天村民们都能从微信群里得知当天的营收是多少、成本是多少，村长还会用哈尼话广播一遍，再在黑板上写一遍，所以我们没有专门的监督机构，而是让全体村民一起监督这个公司。

厕所管理方面，我们有清洁工7个人。曾经有一个小网红去村里拍了视频，抓拍了一个没处理好的清洁问题，就发布到了抖音平台，说中山大学在管理阿者科，为什么卫生还搞得不好。县里宣传部知道后很着急，问我怎么办。

我们是高兴有人来帮我们监督，于是跟村民开会，把这个网络上的视频放给村民看。看完以后，有清洁工阿嫂说，对不起中山大学，卫生没搞好。那怎么办呢，那就组织村民大扫除。大扫除后，我们的公众号上发了一篇文章，表明我们已经整改了。整改完以后，我跟阿嫂们开会，我说你们7个人自己分段，不要在一起扫，分成7段，各自负责自己的区域。你们可以轮流，现在卫生搞得很好。另外，我们教阿嫂们普通话，教她们学电脑，教她们记账。我们还建了乡村图书室，让孩子们看书。

有一对苏州的退休夫妇去了阿者科，有两个村里的孩子主动带他们在村里逛。夫妇俩一方面觉得很贴心，一方面又很忐忑，担心事后孩子们会朝他们讨要导游费。导游费也不是不能给，但是被人讨要和主动给，给人的心理感受还是不一样的。没想到，走的时候孩子们只是很有礼貌地跟他们说拜拜，希望他们以后再来。回到苏州之后，这对夫妇就写了一封信给我的驻村学生，说他们也是农村长大的，很高兴孩子们能保留有这么好的品质。他们回到苏州后，还给孩子们买书包寄过来。

还有一位游客，来阿者科后感受特别好，于是捐了10000元，表示希望能为阿者科做点什么。我们花了1000元买各种学习和体育用品，然后跟那位爱心游客商量，能不能把剩下的钱改为奖学金，最后我们设立了一个教育奖励金。

驻村的学生不仅要负责项目的正常运行，同时也需要通过潜移默化来改变村民们之前的一些不良生活习惯。他们不仅带着村里的小孩子弹琴、画画，还让他们开始学会洗热水澡。阿者科的大多数村民家里是没有洗手间的，之前政府帮助村里建立的公共浴池也一直没有通电，热水供应不了。我们就把供电解决了，让孩子们可以去洗热水澡。

如果有游客要体验当地的传统文化，我们会请村里的老人家来教他们做手工，老人家教一次就能拿一次出场费。这是我们在14个固定就业工作机会之外，额外为村民提供临时性的参与机会，这就让更多的村民参与到了旅游接待当中。

阿者科项目启动之初，我们并没有跟学校汇报过。直到《人民日报》刊登了杨兵的事迹，学校才找我，说能不能代表学校去教育部和其他院校同台竞选一个精准扶贫的奖项，我才知道有这么一个奖。后来我们也拿到了一个精准扶贫的奖项，成为学校首次拿到这个重要奖项的团队。我们的项目也上了世界政党大会。开场的6分钟宣传片《携手为人民》，给了我们1分钟讲述"阿者科计划"的故事。我也在世界遗产青年论坛上首次向世界推介"阿者科计划"。我还在墨西哥也推介过"阿者科计划"。

新华社大型纪录片《中国减贫密码》讲述了6个案例，"阿者科计划"也是其中的一个案例。2020年，在WTA（世界旅游联盟）的国际会议上，我们的项目作为WTA选中的旅游扶贫典型模式，受邀向23个国家和地区展示脱贫经验。

2019年，阿者科项目入选教育部的精准脱贫案例，教育部还因此成立了旅游帮扶联盟，现在有30多所大学加入，中山大学是理事长单位，我是专家组组长。教育部专门拨了研究生指标给我们这个联盟，哪个学校做得好就获得研究生招生指标。我们评了10所做得好的学校，给了他们招生指标。虽然现在的研究生指标很少，但阿者科驻村工作的研究生指标是单列的，这是阿者科项目带来的。

2021年，全国地理高考题有个10分的题，在介绍了"阿者科计划"的内容之后问，"阿者科计划"实行村集体企业主导的旅游开发模式的优势是什么。这个标准答案是什么我不知道。杨兵跟我说："老师，我们做个答案从公众号发出去好不好？"我觉得不妥，要是我们做得不标准怎么办？拿不到满分怎么办？最终我们用阿嫂的一句话来总结阿者科项目的优势：有家的地方有工作，有工作的地方有家。

2023年2月4日，中央电视台CCTV-13频道《新闻调查》栏目用45分钟深度报道了"阿者科计划"，这是中山大学首次在央视有了一个40多分钟的报道。看完这个报道后，党委书记跟我说：这个分红太少了，什么时候能到10000元？什么时候能过20000元？我说："书记，三年疫情我们能每年分一点不错了。"他说："分红金额和影响力不匹配。分红太少，影响这么大。如果你们的分红能过10000元，我们校长就去分红。"所以在全村一起努力下，2023年的分红超过了10000元，校长就去了阿者科发放分红。

阿者科项目不仅仅是帮助村民们脱贫致富，也同时在反哺我们参与项目的同学们。20位参与进来的驻村学生，他们对中国农村的了解很深刻，每个人都在写他们驻村的故事。比如写他们碰到的困难，会写到农村家庭生活矛盾，甚至可能是家暴，他们要去帮着解决，但是这些事情，在他们以前的生活中其实都没碰到过，所以也会觉得棘手，也会忐忑不安。比如两个村争夺水源，很多村民聚集在广场上，要阿者科村、游客中心赔1万元，说阿者科村游客中心用了他们村的水，等等。

我们只看到不断增长的分红数字，只看到很光鲜的一面，但是这些同学们所碰到的困难，他们了解的中国农村的现实，远远比教科书、比我们讲的案例要多得多，也更具有实践意义。他们每个人都在写自己的驻村故事，也许过不了多久，我们就能出一本驻村学生的故事集。

除了这些故事以外，我们在阿者科提炼了很多学术性问题，首先是我们把旅游吸引物权的问题回顾讨论了一下。关于旅游吸引物权的问题，我们团队2012年提出过旅游吸引物权立法倡议，还跟法律界学者争论了很久。法律界学者不赞同我们的倡议，而我们在法律上说不过他们，只能讲事实，说它实际存在。我们写文章反驳他们，他们再写文章反驳我们，反驳来反驳去。没办法，我们只能做出一个实际的给他们看，然后再慢慢推广。推广的过程很难，但是即使是难，也是有希望的，因为我们有成功案例，并且在元阳在地化的扩大已经是可以做了，在地化之后我们可以做一些其他推广。

对我们的每一个驻村学生而言，去阿者科驻村前都会有担心，会有焦虑，气候问题、安全问题、卫生问题、语言问题……家长也很担心。但是去过之后大家都觉得很值得。阿者科让学生在驻村中得到了历练。

阿者科的故事有很多。以上的故事只是其中的一小部分，希望能为大家提供一些新的思路和启发。

保继刚

中国旅游协会副会长

中山大学经济与管理学部副主任、旅游学院教授、

旅游发展与规划研究中心主任

联合国旅游组织第16届尤利西斯奖获得者

开篇语：

　　"柯桥十二风雅集"是开元文旅在后疫情时代复苏夜经济的课题前提下，为柯桥古镇策划的主题市集品牌，以"宋代十二月市"为母本，深度挖掘包括柯桥染缸文化、日铸茶产业、柯亭笛典故、王星记制扇、三六九伤科等众多城市文化元素，以当下年轻客群的审美标准和消费偏好为参考，系统设计了全年十二个月的主题市集，每月有主题，周周有市集。将江南十二雅事、十二国色、十二花朝等体验活动进行了串联，从而集结了一批热爱生活的民艺从业者、趣物分享者、文创爱好者、音乐爱好者，因此也衍生出了柯桥夜泊活动品牌，潮玩夜市、古风夜游、主题茶会等多种环节，点亮了古镇夜经济。

柯桥古镇十二风雅集
文旅融合发展的传承与创新

一、创新案例回顾

在第二届"中国服务"·旅游产品创新大会上，2019年大热的"网红"，一站式旅游度假目的地——杭州开元森泊度假乐园被推介为"中国服务"·旅游产品十大创意案例之一。这是开元的第一个森泊项目，开业至今已经走过第六个年头。第二个项目莫干山开元森泊度假乐园开业至今也有五年多。

在过去的几年中，杭州森泊和莫干山森泊两个项目经历了疫情的考验，目前经营情况良好。2019年营业收入2.34亿元，开业首年即盈利；2020年–2023年，尽管受疫情影响，我们业绩依然稳步上升，保持了较高的增长率。由于经营管理成熟、投资回报率高，森泊受到了市场的追捧，目前杭州森泊、莫干山森泊、云南森泊、舟山森泊4个项目都已经开业，山东日照森泊、浙江嘉兴南北湖森泊也将在今年下半年迎客，还有湖北武汉、温州、桐庐等地的项目也在紧锣密鼓地建设中，北京、深圳、厦门、安徽宣城等地的项目也正在有序推进中。新开发项目中，开元森泊仅参与了少量投资，基本上是轻资产发展。

二、以柯桥古镇为例阐述文旅融合发展的传承与创新

1.柯桥古镇概况与定位

柯桥历史文化街区旧称笛里，已有2000多年历史。街区位于浙江省绍兴市柯桥区，东至笛扬路，南至104国道，西至育才路，北至万商路，占地面积20公顷，是浙江省首批18个省级"历史文化街区"之一。柯桥在三国时始为草市，宋为驿站，明成浙东重镇，清设巡检署，世界文化遗产浙东古运河穿镇而过，内有古纤道、融光桥两处国家级文保单位。它不但是"老绍兴·金柯桥"的城市符号和人文记忆，也是柯桥经济、文化和城市的源头。

柯桥历史文化街区由北京清华同衡规划设计研究院规划编制，并按相关法规要求通过柯桥区政府审批。街区以"柯桥老底片，城市新客厅"为总体定位，在保护柯桥古镇记忆，挖掘历史文化特色基础上，把传统建筑与现代城市功能相结合，展现旧时柯桥集市的盛况；依托轻纺城、柯桥城市发展的活力，将古镇保护与城市发展

升级相结合，把柯桥古镇打造成为具备文化休闲旅游和商务会展等功能的新高地，同时也成为柯桥区的一张金名片，浙东古运河文化带、浙江诗路文化带上的一颗璀璨明珠。

当夜幕降临，古镇就会展现出别样的风情。精心策划的柯桥夜泊如同一幅华丽的画卷，让游客沉浸在水乡的风雅市集、灯光水秀等丰富多彩的夜生活中。这些活动不仅丰富了游客的体验，也使柯桥古镇的夜晚更加生动而富有活力。

在这样的一个特色古镇中，旅游体验得以提升，产业协同发展得以实现。柯桥古镇以其独特的魅力，成功展现了文化旅游+商业+产业深度融合的创新实践模式。在柯桥古镇，文化旅游、商业与产业的融合不仅带来了经济的繁荣，更塑造了一种独特的生活方式。

商业的繁荣也为柯桥古镇注入了新的活力。特色商业街区汇聚了各种独特的商品，为游客提供了丰富多样的选择。游客们可以品尝地道的特色小吃，购买精美的手工艺品，参加精彩纷呈的文化体验活动。

柯桥古镇以其丰富的历史文化、独特的旅游体验、繁荣的商业和产业协同发展，以及社区的积极参与和居民福祉的提升，展现了其作为"文化旅游+商业+产业"模式的成功实践。这里不仅是一个充满活力和魅力的旅游胜地，更是一个展示古镇文明与进步的窗口。

自2014年底全面推动古镇保护和更新工作起，直到2021年元旦，柯桥古镇才重新揭开神秘面纱，由浙江开元秘途文化旅游发展有限公司负责运营，项目总用地32.68公顷，一期项目用地20.52公顷，总建筑面积约20万平方米，地下停车位约1500个，总投资逾30亿元，定位"水市布谷，国色原乡"，并以此为内容核心进行文商旅业态布局，目前已开业商铺逾百家，打造集聚商务会展、古典时尚、休闲停憩等功能的"城市新客厅"。

柯桥十二月市是开元文旅应复苏夜经济的课题，为柯桥古镇策划的主题市集品牌，它以"宋代十二月市"为母本，深度挖掘包括柯桥染缸文化、日铸茶产业、柯亭笛典故、王星记制扇、三六九伤科等众多城市文化元素，以当下年轻客群的审美标准和消费偏好为参考，系统设计了全年十二个月的主题市集，每月有主题，周周有市集。

截至目前，"柯桥十二月市"已累计组织市集200余场，高频次的市集组织和独具创意的内容策划，使它迅速成为本地潮玩夜市集的代表符号，先后获得《绍兴日报》、浙江卫视、中央人民广播电台等各级媒体报道，古镇游客接待量超900万人次，抖音话题播放量超3000万次，古镇商家营业总额破亿元，先后获评"绍兴市高品质步行街""绍兴市特色文化产业街区""2021浙江古镇文旅创新十佳实践案例""2023浙江示范文旅市集""绍兴市文旅夜间消费集聚区"，入选浙江"省级高品质步行街"建设试点名单等多个奖项，有效推动了城市夜经济的发展与本地文旅生活体验感的提升。

2.柯桥古镇运营是文旅融合探索实践的产物

文化和旅游的融合是一个复杂而深入的过程，它需要将文化元素和旅游体验相互结合，以创造更有价值、更具吸引力的新产品和服务内容。

开元文旅在最开始策划设计该项目时，就对柯桥古镇的历史文化进行了深入挖掘。绍兴作为历史文化名城，是南宋文化的发源地。南宋的纪年也从绍兴开始，后南宋定都杭州（临安），柯桥亦是绍兴的重要组成部分。在充分考虑传统文化元素的保护和传承下，开元文旅决定将柯桥古镇的三桥四水、一桥两岸的文化体验和生活方式不断熔炼结合。

柯桥十二风雅集是"柯桥十二月市"的内容升级体验活动，将江南十二雅事、十二国色、十二花朝等体验活动进行串联，并集结了一批热爱生活的民艺从业者、趣物分享者、文创爱好者、音乐爱好者，因此也衍生出了柯桥夜泊活动品牌、潮玩夜市、古风夜游、主题茶会等多种环节，点亮了古镇夜经济。

文旅项目与传统商业综合体最大的不同，就是文化属性。我们在架构柯桥古镇的内容体验系统时查阅了很多文史资料，发现了关于"市集"的很多历史线索：据《嘉泰会稽志》记载，南宋时，柯桥已是"市"了。古代的"市"指进行买卖的市集、市场，可见当时的柯桥已经是比较热闹的集市。柯桥原城隍庙楹联上有文字："市开弘治七载"，"弘治"是明代年号，"弘治七载"为公元1494年，柯桥在明代已是江南重镇。直到民国初期，柯桥一直是绍兴辖内最大的集镇。据统计，1936年柯桥有各种商铺672家，其中钱庄8家（据2002年8月9日《柯桥日报》）。民间有"柯桥500支撑竿"之说，被称为"金柯桥"。其中急水弄东侧称"饭架街"，是柯桥最热闹的地段。每年农历九月十二，柯桥城隍庙的庙会吸引四邻八乡的人来此地赶集，整个柯桥上人山人海，水泄不通。

既然柯桥自古以来就有"市集"的形态和历史，在回归传统的当下，"市集"就是我们致敬历史的最好形式。

集市在宋代已经成为一种成熟的商业模式，并衍生出"十二月市"的固定叫法。北宋赵抃（1008—1084年，字阅道，自号知非子，是北宋时期著名的政治家和文学家）曾记录下了"十二月市"的盛况："正月灯市，二月花市，三月蚕市，四月锦市，五月扇市，六月香市，七月七宝市，八月桂市，九月药市，十月酒市，十一月梅市，十二月桃符市。"这些定期的集会不仅丰富了当地百姓的生活，更吸引着全国各地的商贾。陆游在《柯桥客亭》有写："小市初晴已过春，朱樱青杏一番新"，那时的柯桥，浙东运河穿越之中，已经形成市。他也曾写下"梅市波光远，柯桥柳色新""柯桥僧阁凌空起""柯桥梅市花俱好""柯桥道上山如画，早晚归舟听橹声"等诗句来描写当时柯桥的热闹场景。

柯桥古镇是柯桥这座国际纺都梦开始的地方，所以从品牌形象打造上，我们充分依托柯桥的城市调性，致力于为古镇树立"时尚多元"的潮玩标签，作为游客游览古镇的重要体验环节。

柯桥十二月市不单是一个传统市集，也不是一个短期的营销活动，它更像一个年轻化的内容聚合平台，以当下年轻客群的审美与消费偏好为内容筛选标准，以"常态组织""年轻表达""多元融合"为策办要求。"常态组织"要求除了天气原因，每周末、每个节假日都固定组织市集；"年轻表达"要求市集的视觉、摊主、影像都"年轻化"。

比如九月的药市，从字面上看，大家容易联想到"卖药的市集"，但是我们通过对内容的深化，用"年轻人的朋克养生"为切入点，以"回春药市"为市集主题，与咖啡馆联名推出"灵芝拿铁""枸杞冷萃"等主题打卡饮品，将绍兴非遗的三六九伤科进行年轻化的文案包装，以"二十一世纪的黑玉断续膏"为亮点进行推广，同时还定制"青松"和"养参"两款限定健康符，迅速刷爆朋友圈。

而十二月的冬市时值寒冬，这个节点也是很多户外街区活动策划的难点，我们利用绍兴地区传统的冬酿习俗，结合当时在年轻群体中爆火的"围炉煮茶"，联动众多古镇商家，一起围炉，煮酒烹茶，在冬夜近零度的广场上，歌声、笑声、炉火、酒香交织在一起，形成了一道暖暖的风景线。

在自媒体时代，除了内容出彩，传播也很重要，围绕我们的目标，我们为柯桥十二月市树立了标语："采撷四时风物，贩售人间烟火"，设立了小红书账号、抖音账号，建立了全套年轻化的视觉体系，用现代的语言讲传统的故事，用有趣的方式讲古镇的生活，让每一个来到市集的游客，特别是年轻游客，有物可买，有照可拍，有图可发。

从2022年元旦至今，我们围绕"十二月市"的不同主题，持续组织了上百场市集，不间断地在小红书、抖音等自媒体渠道用影音、直播等方式输出信息，用一种看似很傻的力量坚持做内容，在推动文旅项目差异化形象打造这个问题上，我们有三个坚持：

第一，锚定目标，相信时间的力量

从打算做市集的那一刻起，我们就做好了长期运营的准备。在当前"乱花渐欲迷人眼"的市场竞争中，静下心来把一个项目打磨好，尊重基本的市场传播规律。在最初策办的几场市集上其实也有过"游客寥寥"的场面，摊主不满意，因为人少没钱赚，游客也不满意，因为人少没氛围。虽然团队在情绪上很受挫，但是大家能马上根据现场情况做出调整。在经历最难熬的1个月后，我们惊喜地发现，小红书开始稳定涨粉，公众号粉丝量也不断在刷新纪录，社交媒体平台上开始出现越来越多关于柯桥古镇十二月市的信息。在有了一定人气后，摊主招募、现场客流都出现了正向的发展。现在每场市集的摊主招募信息一经发布就迅速招满，摊主的质量也越来越高，而这些最终都会反哺到品牌建设上。

第二，去网红化，专注项目的特色

在自媒体时代的背景下，"网红"这个词也由原来的"人气、热门、流行"逐渐变为"博眼球、抢流量、一阵风"。我们始终认为，在文旅项目的内容营造上，尤其是文化消费，要"去网红化"，所以柯桥十二月市的每月主题都是紧密联系在地文化，自主研发内容，在传统中创新，正面引领年轻客群，而不是盲目追求当下的"网红"元素。曾经也有一些美食市集的团队找到我们，抛出"大流量，高回报"等条件，都被我们婉拒了。

第三，常态组织，建立系统的运营

以往我们策办活动，每场的搭建形式、场地要求、现场管理都会有很多不同的要求，大量的物料都是一次性的，成本巨大。但当我们专注于市集之后，场地的搭建开始固定有规律，现场的人员管理可以定岗定人，从活动文案到招募筛选到现场搭建到影像制作，每一个环节都逐渐变为统一的动作，很多活动物料甚至可以反复使用，这也变相降低了很多运营的成本，增大了市集可持续运营的可能。

3.探索古镇体验经济与柯桥轻纺产业融合

将文化、旅游与当地产业结合，可以促进经济发展、提升文化认同感、保护和传承文化遗产。作为民营企业，我们有责任与政府共同努力，结合有效的政策和措施，推动文化和旅游与当地产业的融合和发展。柯桥拥有8000余家纺织企业，形成了全球最完备的纺织产业链，对外贸易覆盖206个国家和地区；柯桥拥有浙江省首批6家技术创新中心之一的浙江省现代纺织技术创新中心、255家纺织类高新技术企业、29家省级企业研发中心、2.7万名研发人员，为柯桥打造现代化"国际纺都"提供了一流的科创优势。柯桥被誉为"托在一块布上的经济强区"，打造现代化"国际纺都"，柯桥有坚实的产业优势和底气。

世界布商大会是全球纺织行业的重要盛会，旨在促进全球纺织产业链的协作与发展，加强国际交流与合作。大会由中国纺织工业联合会、中国纺织品进出口商会、中国商业联合会指导，由绍兴市人民政府、中国纺织工业联合会生产力促进部、中国商业联合会对外联络工作委员会、中国纺织品进出口商会服装分会、面料分会、绍兴市柯桥区人民政府主办。

2018年，世界布商大会首次在柯桥举办，此后每年一届，延续至今。大会以"融通成就全球价值"为主题，吸引了来自全球各地的政府官员、行业协会代表、企业代表等共同参与。

柯桥古镇毗邻中国轻纺城，它是我国最大的纺织产业基地，拥有完整的纺织产业链和全球规模最大、产品最为齐全的纺织品集散中心。这些优势使得柯桥成为全球纺织产业的重要集聚地，也是国际纺织行业交流与合作的重要平台。柯桥古镇拥有悠久的历史和文化底蕴，其纺织产业的发展也具有深厚的历史渊源。选择在这里举办世界布商大会，可以更好地展示中国纺织文化的魅力，推动国际文化的交流与合作。

柯桥古镇除了是布商大会承办地，还吸引了中国轻纺城中有创意、有设计理念的主理人。草木染色工坊主理人就将创意店放在了柯桥古镇，使用天然植物作为染料，通过草木染技艺对织物进行染色。草木染，不仅仅是一种染色工艺，更是一种对传统文化的尊重和传承。它以天然的植物为原料，经过精心挑选和处理，再经过一系列的化学反应，最终将织物染成各种颜色。这种染色工艺不仅环保，而且色彩持久，给人一种清新、自然的感觉。

在草木染工坊，你可以亲身体验到这种神奇的染色过程。从挑选原料到最后的染色，每一步都需要精细的操作和耐心的等待。在这个过程中，你不仅可以了解到草木染的工艺流程，还可以亲手参与其中，感受这种传统文化的魅力。此外，草木染还开展了一系列的活动，如草木染体验课程、手工艺品制作等，让更多的人了解和喜爱草木染。这些活动不仅吸引了本地居民的参与，也吸引了大量游客的关注。通过这种染色工艺，我们不仅可以保护环境，还可以让更多的人了解和喜爱草木染。在未来，我们希望草木染能够继续传承下去，为更多的人带来美丽和惊喜。在快节奏的现代社会中，草木染提供了一个慢下来的机会，让人可以静下心来，感受草木的生长，观察染料的变化，聆听内心的声音。

在草木染的过程中，每一个步骤都充满了仪式感。从选取新鲜的植物，到熬煮、发酵、漂洗，再到最后的染色，每一个环节都需要精细的操作和耐心的等待。这种过程教会了我们耐心和专注，让我们在忙碌的生活中找到了一种安静的力量。

物宽是成立于2017年的本土服装品牌，该品牌的设计理念是"宽心自在"，目标消费者是年轻人和中产阶级，旨在通过舒适、自然、简约的设计风格，为消费者带来一种轻松、自在的穿着体验。其设计风格以简约、时尚、舒适为主，注重细节和品质，并且产品价格较为亲民，因此也受到了消费者的认可和好评。

在品牌成立初期，物宽就以其独特的设计理念和优质的产品获得了年轻人的喜爱。现如今该品牌的产品线不断拓展，不仅包括男女装、鞋帽、配饰等常规服饰，还推出了一些非常具有创意和个性的限量版产品，如与知名设计师合作的联名款式、具有独特设计和材质的服装等。这些限量版产品的推出，不仅增加了物宽品牌的独特性和吸引力，同时也满足了不同消费者的个性化需求。在未来物宽将继续坚持其设计理念，推出更多符合年轻人审美和消费需求的产品，为消费者带来更多选择和更好的穿着体验。

4.创新文旅合作模式，实现多方共赢

全国有无数个历史文化街区，有许多街区在政府主导下打造和恢复得非常不错，但是要实现政府有收益、商家有利益、社会有效益却很难；如果不能实现各方利益共存，项目要靠政府贴补来维持是不能长久的。要想保证各方的利益，首先要保证经营商户方的收益，如何保证经营商户方的收益，要根据市场化运作，吸引人流非常重要。

（1）坚持资源布局招商在先、设计改造在后的理念。在充分尊重和挖掘当地历史文化积淀的基础上，既要尊重历史，又要确保商业价值，将商业价值高、地理位置较好的房子率先进行招租，以确保商业价值的基础上，避免二次改造产生的浪费。

（2）根据市场布局多种业态，使历史古街区丰富多彩。历史文化积淀最厚重的建筑引入文化主题的商业业态。整个街区约有28%的面积，用此类方式引进了恐龙化石馆、桥上桥下艺术馆、丝来茶往丝绸博物馆、名匾馆、茶文化研究院、绍兴书画社、国风射箭馆等文化主题的商业业态。

（3）策划柯桥古镇十二风雅集。十二风雅集对外招募了300多位主理人，鼓励有想法、有手艺、有创意的年轻主理人来柯桥古镇创业，带动了夜经济消费，解决几千个就业岗位。2023年全年人流量已达到500万人。10月国庆黄金周最高人流量达7万人/天，预计2024商家营业收入能过亿元。

（4）用潮玩的方式吸引更多的年轻游客。通过自媒体来展示柯桥古镇的历史，展现柯桥的活力，吸引更多的年轻游客打卡并留下来，满足本地居民休闲和娱乐需求，使本地居民增强归属感。

人流增加了，社会效益实现了，商家的收益增长了，运营管理方的品牌和效益也就实现了，形成了良性循环。据统计，2023年全年，我们共举办了市集100余场，吸引游客520万人次，同比增长122%，每年可向政府交纳租金1000余万元，运营管理方每年产生现金流2000余万元。

目前开元文旅已经成功运营的项目有3个：柯桥古镇建筑面积约18万平方米、嘉兴芦席汇历史街区建筑面积约8.9万平方米、绍兴风越里建筑面积约2.3万平方米，已经签约的项目：4A级景区改造项目——占地约800亩的嘉兴梅花洲景区；大运河文化旅游度假公园占地约1000亩的嘉兴月芦文杉。

三、开元文旅发展集团的由来

开元旅业集团原来以酒店业为主导产业、房地产为支柱产业（曾经是全国百强房地产企业），以房地产助推酒店业。2017—2018年左右，在房地产最疯狂时，我们预见到了风险，就逐步退出，调整成为与万科等头部房企合作，将项目交给他们开发，但当时的房地产业占我们企业的半壁江山，经济指标如何弥补？人员怎么安排？企业发展怎么办？这些都是难题。

我们将房产分成三大块：一块做文旅，一块做商业管理（因为在做房地产时留下几十万方商业资产），还有一块成立建设公司。目前三块业务都取得较好的成绩，商管集团共管理22个项目，总面积166万平方米，其中自持项目面积43万平方米，投资回报率达5.6%，外部委托管理商业资产面积123万平方米，年盈利达4000万元以上，待发展壮大后伺机上市。建设公司目前代建业务达162万平方米，年建设产值达1.85亿元，自成立至今4年多的时间累计盈利达6400多万元。

开元的文旅产业基本是轻资产发展，除了为政府做历史文化街区，还与政府合作投资一些旅游度假景区，如桐庐瑶琳开元森泊旅游度假区，就是以小投资撬动大项目的典型代表。

桐庐瑶琳开元森泊旅游度假区位于桐庐县瑶琳镇，项目依托瑶琳仙境优越的区位禀赋，规划区域约3平方公里，区域内包含红灯笼乡村家园、森泊亲子乐园、集中式度假酒店、高端野奢度假酒店、亚运马术场馆、旧厂房改造的马术主题商业休闲街区、农旅综合体、滨江休闲商业街区等。项目通过水上游览线路和地上交通组织协调串联整个瑶琳仙境旅游片区，打造华东区域独具特色的一站式旅游度假目的地。

目前虽然还未能获得很大收益，但也有足够的现金流能保持文旅公司的运营与发展，实现从房地产到文旅的成功转型，更重要的是做出了品牌，积累了经验，为布局浙江省乃至全国打下了基础。

当前随着经济形势的变化，企业面临着新的困难，但是只要我们不断开拓创新，都能遇到许多新的发展机会，市场上有许多优质的文旅资产，但因种种原因，回报率低无法高质量运营。而我们在困难中寻求机会点，不断提高经营能力，盘活低效、闲置资产，提高资产回报率，就能使资产方、经营管理方等多方受益。

陈妙林
中国旅游协会副会长
浙江省旅游协会会长
开元旅业集团创始人

 **开篇语：**

　　洛邑古城作为一座跨越3000多年没有断代的古城，充满"烟火气、市井味、文化格"。为使传统古城在新时代焕发生机，老城区守正不守旧、尊古不复古，扎实做好历史文化资源的活化利用，以"汉服+洛邑古城"模式，探索出一条具备"颠覆性创意、沉浸式体验、年轻化消费、移动端传播"新文旅特征的融合发展之路。洛邑古城对文旅融合发展的贡献体现在：以传统文化为内核，以新质生产力为引领，以消费者需求为载体，促进文旅产业转型升级、激发文旅市场活力、带动群众增收致富，使文旅上下游行业联动发展，形成众多新型业态，推动旅游与文化及多种业态深度融合，在传承中华优秀传统文化中推进文化创新，使文化自信达到了新高度。

洛邑古城
穿越千年繁华，尽览人间烟火

　　"若问古今兴废事，请君只看洛阳城"。2023年，全国旅游市场强势复苏，洛阳以穿越古今的崭新文旅面貌火爆出圈，累计接待游客超过1.3亿人次，跻身全国十大热门旅游城市。洛阳城中，因一袭汉服"变身"的唐朝贵妃、宋朝士大夫、明朝锦衣卫漫步街市中。人们在不同场景中尽享汉服自由、畅享穿越自由。而其中，作为汉服打卡地的洛邑古城，更是紧抓汉服这一流量密码，凭借"汉服+洛邑古城"，累计接待游客超过1000万人次。2023年的中秋国庆假期，洛邑古城以53.7万人次的接待量和388%的增速，占据全市各大景区"头把交椅"，成为全国热门景区。

一、千年古城，可阅历史风尘

近年来，从唐宫夜宴到龙门金刚、从真人版帝后礼佛图再到今年的《为什么是河南》。河南，以传统文化创新表达之势，火爆出圈。

为什么是河南？河南是中华民族与华夏文明的重要发祥地、世界华人宗祖之根，历史悠久、文化灿烂。在五千年的中华文明史中，河南作为国家的政治、经济、文化中心长达3000多年，先后有20多个朝代在此建都。文化根脉，华夏起源，行走河南，读懂中国，可以说：一部河南史，半部中国史。

今天的河南，正在深入贯彻落实习近平总书记关于"在中部地区崛起中奋勇争先，谱写新时代中原更加出彩的绚丽篇章"的重要指示，抢抓中部地区崛起、黄河流域生态保护和高质量发展的重大战略机遇，持续推动高质量发展。

一城繁华半城烟，多少世人醉里仙。若有一座城，诉不尽千年历史烟云，看不完山水盛景，盛不尽四季繁花，那一定是洛阳。它是最早的中国，有5000多年的文明史，4000多年的城市史，1500多年的建都史。它是华夏文明的重要发祥地之一，13个王朝建都于此，是丝绸之路的东方起点，隋唐大运河的中心，万里茶道的交汇处，是龙马负图、周公制礼、孔子问道、李杜相会的发生地……

儒学渊源于此、道学肇始于此、经学兴盛于此、佛学首传于此、玄学形成于此、理学寻源于此。可以这么说，行走洛阳，吹过的风都是文化，脚踩的路都是历史。

历史源远流长，文化底蕴深厚，满城国色天香，百里河山秀美，这是一座古今辉映、青春时尚的优秀旅游名城，是资源禀赋优越、生态环境优美的希望之城，是产业基础雄厚、加速换道领跑的现代化工业城市，也是科技实力突出、优质资源汇聚的国家创新型城市。

如果有一个地方，能够将洛阳城的千年历史封存保留，那一定是老城。洛阳是最早的中国，老城是最早的洛阳。洛阳老城坐拥历史建筑91处，文保单位66个，跨越3000多年没有断代，被住建部专家誉为"全国唯一一座活着的古城"。

位于都市核心区的老城，建城史可追溯至公元前1042年的西周时期；隋唐至北宋时期是隋唐洛阳城的东城；金朝时期是中京金昌府城；元明清时期是河南府城。直到1948年洛阳解放前，城区仍保留公元1217年金昌府的建筑格局，"老城"之名也由此而来。

"八方之广，周洛为中，谓之洛邑"，洛邑就是始建于西周，现存于老城区的古洛阳都城。3平方公里的洛邑古城，是洛阳地面上唯一存续的古代城池，九街十八巷七十二胡同肌理保存完好，历史文化街区重焕光芒。

在这里，你可以穿越古今，触摸历史的痕迹——这里有纪念"强项令"董宣的董公祠；曹操曾暂存关羽首级的妥灵宫；"竹林七贤"之一阮籍的故居；还有唐代的新潭码头基石、宋代的文峰塔、元代的府文庙、明代的鼓楼等；更有开国大典悬挂于天安门城楼的洛阳宫灯、国礼洛阳牡丹瓷、百年老字号真不同水席等非物质文化遗产……一步千年，古城里浸润的历史记忆，萦绕着千年洛阳的根与魂。

除此之外，洛邑古城保留有洛阳目前唯一现存的，以明清建筑为主的历史文化街区，央视中秋晚会、戏曲春晚，河南卫视《七夕奇妙游》《中秋奇妙游》等节目在这里取景拍摄。洛邑古城内的历史文化街区先后获得"国家级旅游休闲街区""第一批国家级夜间文化和旅游消费聚集区"等殊荣。洛邑古城这一网红IP，已经成为我们弘扬传统文化，推动文旅融合，繁荣旅游市场的重要优势资源。

二、汉服为媒，重温盛世繁华

"一步一个藏妹子，三步一个延吉公主，五步一个汉服同袍。"在洛阳，汉服蔚然成风，满街的汉服和厚重的古都气韵相得益彰。街头巷陌，俨然是一幅盛世画卷。总要来一次洛阳，穿一次汉服，成为天南海北的朋友与洛阳的约定。

"汉服＋洛邑古城"新模式的背后，是洛阳以习近平文化思想为指引，抢抓文旅产业发展新风口，持续深化文旅融合，加快打造沉浸式文旅目的地，着力推动文旅文创成支柱，重塑古城古韵风华，再现满城盛世华裳。

洛阳老城的新文旅实践主要有四大特征：颠覆性创意、沉浸式体验、年轻化消费、移动端传播。在推动新文旅出圈出彩过程中，主要围绕这4个特征，做了以下4个方面工作：

1. 以颠覆性创意打造穿越场景

新文旅发展到今天，已从"资源为王"向"创意为王"转变，无论文化资源的活化，还是文旅项目的开发，都需要在创意的加持下激发新活力。洛阳依托优质的历史文化资源和景区特点，用与时俱进的全新视角解构千年古城，以颠覆性创意引领文旅发展，将整座城市打造成穿越感十足的文旅场景。

漫步洛阳城，在神都夜幕中，在隋唐洛阳城里感受盛世气象，赴一场唐宫夜宴；在洛邑古城里，完成一场与汉服的约定；在东方博物馆之都，与国宝对话，与历史重逢；在全城剧本杀中，收获一次穿越时空的新奇体验……同时，洛阳着力抓好隋唐洛阳城、白马寺、龙门等片区建设。从举世罕见的"五都荟洛"奇观，到一眼千年的"七天建筑"，漫步洛阳，"穿越"总是不期而遇。隋唐洛阳城中轴线上，巍峨壮观的应天门、气势恢宏的天堂明堂、行人如织的隋唐天街，再现盛世隋唐非凡气象。这里三步一"公主"、五步一"贵妃"、十步一"侠客"，在洛阳，随时随地都能来一场古今穿越，邂逅千年前的自己。

在众多沉浸式文旅场景中，以"烟火气、市井味、文化格"出圈的洛邑古城，融合唐、宋、金、元、明、清、民国各个时期的建筑风格，让无数游客在此体验"一步一景""一街一景""一区一景"，唐代的新潭、宋代的文峰塔、金元的城墙，在这里交相辉映，一眼望去、一览千年，身临其境感受古都的诗情画意。

古城内，依托《风起洛阳》影视IP，打造灯狮画桥、香罗漫天、隋唐集市、文峰暮鼓等30余处打卡场景，朱阁璀璨入画，罗衣锦绣如云，年轻人裙裾飘飘、团扇遮面，穿梭于历史遗迹之间。天南海北的小姐姐，在众多明星、网红的引流下，奔赴洛邑古城，着汉服拍照打卡，在洛邑古城过一把成为主角的"瘾"。除此之外，用科技赋能文旅场景也成为一大亮点，借助虚拟现实、人工智能、水幕电影等技术，推出汉服虚拟试衣镜、《三生三世牡丹情》灯光秀，让游客自由穿梭在虚实之间。智慧文旅程序"行走老城"，实现数字化导览、VR全景漫游、视频展播、语音讲解、数字文创等功能。2023年"五一"期间，古城单日接待游客最高突破15万人次。

彩绸高悬、灯盏明耀的街道，笙歌乐舞、熙熙攘攘的夜晚，锦绣罗裳、身姿曼妙的倩影，是老时光与新时代的碰撞，也是跨界融合、协同创新，将数字技术与场地、建筑、人文环境等相结合，是颠覆性创意打造穿越场景最好的诠释。

2.以沉浸式体验丰富文旅业态

如今的文旅产业已经从走马观花的"观光式游览"逐渐转为"沉浸式体验"，新文旅的发展必须打造具有故事性、互动性的文旅业态，让游客通过角色代入，获得沉浸式体验。

洛阳以打造"全国沉浸式文旅目的地"为目标，大力发展汉服体验、剧本娱乐、沉浸式演艺、电竞数娱等业态，举办博物馆奇妙夜等特色活动，一步踏入，一朝梦回。在一个个融合历史与知名人物的沉浸式故事篇章里，进入"时空隧道"——睡古墓、宿运河、玩剧本杀、和宝藏过夜，带给体验者触手可及的文化盛宴。《寻迹·洛神赋》等沉浸式演出，以"洛阳神韵"为精神符号，以河洛文化为创作蓝本，集"全域行浸"剧场、沉浸式博物馆、多维度数字演艺于一体，打破传统的剧场观演模式，突破时间与空间的限制，为游客带来了多维的感官刺激与情感共鸣。

而洛邑古城，紧抓"汉服"这个产业风口，推动"汉服体验+洛邑古城"叠加赋能，以"服装+造型+拍摄+修图"等服务，推动景区从观赏游览型向沉浸体验型转变。全城由最初十几家汉服体验店，到现在的1200多家。洛邑古城边的汽修一条街摇身一变，成了汉服一条街。截至2023年末，全区汉服店从18家增至861家，丰富了24个朝代的汉服形制，扩展了56个民族的服饰款式。热播剧、流行风，在洛阳，总能找到你喜欢的款式。在汉服的赋能下，古城单日汉服体验游客最高突破10万人次，让人尽享"汉服自由"。

同时，洛邑古城推动"景区+角色扮演"跨界融合，推出"白龙殿试""梦唐阁"等角色扮演项目，将整个古城纳入剧本内容，采取"仿真式实景+沉浸式剧情+游戏式互动+体验式消费"运营模式，融合策略对战、推理解谜、情景演绎等元素，为游客打开穿越时空的"月光宝盒"。你可以变身俏丽公主、威风武将、文官大臣，和李白巧对"飞花令"，和尉迟恭勇战比武场，和太平公主丹青绘锦绣……随着剧本的推进，沉浸式体验盛唐风情。

此外，与全市各大景区联合推出全城剧本杀活动，通过支付宝、美团等网络渠道，设计线上购票、通关认证、积分兑换等新玩法，吸引大量的年轻人到景区闯关打卡。以洛邑古城为原点，解"运河迷踪"、游"无上龙门"、登老君山金顶，在洛阳这个大型文旅场景中，尽享"穿越自由"。

3.以年轻化消费激发市场活力

在洛阳新文旅发展过程中，青年游客已然占据半壁江山。据统计，来洛游客中，18至40岁的游客占60.6%，青年游客成为文旅市场新兴的消费主力军。只有创作出个性化、体验化和数字化等契合年轻人喜好的文旅产品，才能繁荣消费市场。洛阳以"古都夜八点"为主题，布局一批符合年轻人需求的"蹲城部落"，把"青年友好"融入日常，为"青春登场"大开城门，不断丰富"夜游""夜演""夜食""夜娱"等消费业态，大街小巷的市井风情、熙熙攘攘的人间烟火、举目皆景的"诗和远方"，持续点燃着年轻人的青春时尚，也使洛阳成功上榜"2023夜间经济新锐十城"。

而老城，更是年轻化消费的主要聚集地。洛邑古城持续提升"吃住行游购娱"品质，全力打造"食尚老城、乐宿老城、畅行老城、漫游老城、嗨购老城、潮玩老城"。在这里，品特色小吃、看汉服展览、住古巷民宿、购"邑礼相待"，来一场传统与新潮的邂逅之旅。

传承创新"老城味道"。从十字街到民主街，从牛肉汤到洛阳水席，从真不同、宴天下等老字号品牌到瑞幸、喜茶等快消品牌，各式美食一城打尽，网友感慨"这里简直就是吃货的天堂"。

打造文旅目的地特色主题民宿。全市1300余家城市民宿，300多家集中在老城，"盛世隋唐""国花牡丹""非遗文化"等主题民宿特色各异，让游客"因为一间房，爱上这座城"。

抓好传统文化的现代表达。古城如画、美景入礼，开发洛邑书签、非遗毛笔、瓷艺牡丹等100余类文创产品，收获了一大批"忠实粉丝"。2023年，由洛邑古城引流，拉动全市形成旅游综合收入达千亿元，形成了"一域带全城"的消费格局。

4. 以移动端传播构建营销格局

互联网移动端已经成为人们获取信息、开展社交、选择出行目的地的主要平台。在文旅发展过程中，洛阳坚持移动端优先、视频化呈现、交互性传播，推动文旅营销向线上传播与线下体验相结合转变。

毫无疑问，洛阳是近年来网络中出现频率相当高的网红城市。大家心目中厚重悠久的古都城市，成了网络上各大平台被无数人追捧的打卡目的地。通过网络了解洛阳，爱上洛阳，进而奔赴洛阳。近年来，《风起洛阳》《龙门金刚》《洛神水赋》等"洛阳IP宇宙"让洛阳火爆"出圈"，"梦回神都，花开洛阳"，"总要来洛阳穿穿汉服"等话题频频登上全国热搜，各地的网友在抖音、小红书、B站等社交平台上"种草"洛阳，感慨"这里的每一帧都值得热爱"。

我们创新"活动+话题+传播"模式，改变过去依靠旅行社揽客的方式，通过互联网平台推出新玩法，吸引游客线上下单、线下打卡。面向全网发布汉服主题系列活动，举办汉服短视频大赛，定格美好，惊艳时光；弘扬传统服饰文化的汉服文化节吸引了全国各地汉服爱好者的广泛关注；汉服集体婚典跨越千年，再现中华传统服饰礼仪之美。

积极策划"唐宋八大家"破时空互动、"八仙巡游古城"等热点话题，制作短视频350余条，广泛向新媒体平台投放，发挥引导催化作用；邀请流量明星、头部博主制作短视频150余条，通过"饭圈效应"，迅速扩大传播范围；鼓励广大游客参与话题讨论，累计发布短视频80余万条，形成全民传播的氛围。网友"大大怪陈皮"的一条"汉服变装"视频，涨粉27万，累计获赞540万，自创的舞蹈动作吸引无数小姐姐模仿。知名博主卢克文盛赞"洛阳，是值得全中国每个人都来走一次的地方"。

据统计，截至2023年11月底，抖音、快手等社交平台上关于"洛邑古城"相关话题播放量已突破23亿次，持续位居全国最受欢迎的汉服打卡地榜首，吸引人民网、新华社、央视新闻等10余家央媒报道。

三、双向奔赴，擦亮洛邑品牌

洛阳在新文旅产业发展方面的实践和探索，带给这座城市许多深刻的变化，在古今辉映的老城尤为明显。九街十八巷七十二胡同，是略施粉黛的青春登场；车水马龙的街道和流云拂过的城墙，是快节奏下慢生活的向往；烟火深处，是老时光与新时代的碰撞。

真正吸引游客的并不是景区，而是它所在的城市。因为一个人，爱上一座城；因为一件事，温暖一座城。在洛邑古城的出彩中，人与城市悄然完成了双向奔赴。

其实任何一座城市的发展，都不可能永远生活在聚光灯下。如何从网红走向"长红"，让流量变"留量"，进而转化为产业和经济发展的"能量"，是很多城市面临的长期考题，需要持续下功夫，去探索、去思考，去寻找答案。在这方面，洛阳老城一直在努力！

在我们的努力下，一座有底气的城市，不仅能够走过日夜轮转的岁月，更能在历史长河里历久弥新，踏实而坚定地走向未来。现在的洛阳，旅游现象已经上升为文化现象，十三朝古都璀璨历史支撑着洛阳不断出圈出彩，由"网红"迈向"长红"，人们从因花而来到因汉服而来洛阳。

白居易曾在诗中写道："花开花落二十日，一城之人皆若狂。"过去，洛阳最知名的城市名片就是牡丹。现在，各地游客不仅因花而来，更多为文化而来。今年以来，洛阳汉服火爆出圈，成为最热门的全国"汉服打卡城市"，汉服已成为洛阳新的城市名片和最大的引流元素。前有杭州母女跨越1000公里来洛阳穿汉服；后有"大学生特种兵"极限24小时游洛阳，全国各地游客奔赴洛阳变装"穿越"，在洛邑古城里80%以上的游客都要着汉服游览体验。有网友感慨"在洛阳看到的汉服小姐姐比他一辈子看到的还要多"。

以前，洛阳的旅游线路大多为一日游，游客逛一逛龙门石窟、白马寺就离开洛阳。随着以洛邑古城为代表的文旅融合项目出圈，游客所到之处皆是风景，从夜晚留不住游客，到竞相在古城住一晚，用景点引客，用文化留客，成功让"特种兵"们放缓脚步，开始"City Walk"。

现在，洛阳的网红景区洛邑古城和老君山人山人海、摩肩接踵；世界遗产龙门石窟和中国第一古刹白马寺人头攒动、游人如织；洛阳博物馆和隋唐大运河博物馆人气飙升、预约火爆。洛阳的机票、火车票、汽车票常常一票难求，洛阳的各大酒店民宿节日前售罄、房源紧张。洛阳从一年火一个月到全年火爆。

洛阳市全面打造"河洛之源、礼乐之根、丝路起点"等文化品牌，持续擦亮"牡丹文化之都、文创艺术之都、剧本娱乐之都"等城市名片，打造春有牡丹文化节、夏有小浪底观瀑节、秋有河洛文化旅游节、冬有伏牛山滑雪节等四季旅游节会品牌，从过去的一季"吃"一年，变成全年无淡季，实现了全年长红。河南文旅看洛阳，洛阳文旅看老城。

2023年，老城区打造"汉服+洛邑古城"沉浸式体验品牌，通过打造变换场景，研发出不同季节、不同朝代、不同民族、不同影视IP等种类万千的汉服，让游客每一个季节、每一个节日来，都有不一样的体验。2023年，老城区接待游客突破3000万人次，旅游综合收入突破220亿元。

在我们的努力下，城市更有温度。围绕增强游客体验感，整座城市都在蓄力，持续提升旅游配套服务水平。

一是提升城市功能。洛阳市加快推动隋唐洛阳城历史中轴线复原展示和天街、宫城区、里坊区等遗址保护展示项目，高标准打造城市阳台、城市客厅等城市公共聚合空间，重塑古都风貌，营造城景交融的场景。老城区以洛邑古城为核心统筹抓好老旧小区改造、棚户区改造、市政微改造，塑造以"现代唐风"为主体的城市风貌，计划实施老旧小区、背街小巷等改造项目40余个，累计建成公共停车场6处，新增停车泊位580个，规划道路停车泊位1200个，有效解决交通拥堵、车辆停放、市容环境等问题，为广大游客提供了便捷舒适的服务。

二是完善配套设施。洛阳市深入分析客流动线，通过增加航线航班、加开列车班次、优化中转换乘服务、高标准建设旅游公路等，提升城市"快进慢游"的通达性，同时大力发展各类特色酒店、民宿、青年旅舍、房车营地，推动旅游住宿多元化。老城区充分利用区位交通优势，将老旧厂房腾笼换鸟，打造河南省夜间文旅消费集聚区天心文化创意产业园等网红打卡地，打造大中街、民主街、周公路等特色商业街、贴廓巷红色步行街等网红街道，既承载民生烟火，又彰显古城韵味。

三是优化消费环境。全国文明城市洛阳和古朴厚道的老城，不断制定完善文旅行业服务标准，加大文旅市场监管执法力度，营造安全放心的消费环境。热情好客的古都人民、日夜护航的工作人员、无私奉献的党员干部24小时待命，提供周到的服务。推出穿汉服免费坐公交地铁；规范汉服跟拍、民宿酒店、美食小吃等价格，杜绝欺客宰客；节日期间打开政府机关停车场，引导本地车辆绕开景区，对轻微违停的外地车辆不予处罚，一切以让外地游客感到方便快捷为主。

四是秉持开放包容。十三朝古都的兼容并包，润物细无声般体现在城市每个角落。在老城，历史与当下交织，传统与现代融合，穿上汉服毫不违和。开公交的"汉朝公主"、骑电动车的"唐代贵妃"、坐地铁的"唐僧师徒"随处可见，甚至连城管、窗口工作人员也身穿汉服为你服务。网友戏称"在洛阳，上班就像上朝"。

在我们的努力下，民生得到改善。随着"汉服+洛邑古城"火爆出圈，迄今为止，洛邑古城累计销售过亿元，年创税收千万元以上。良好的经济效益背后，是辖区居民参与旅游服务空前高涨的积极性。

老百姓有事干更有事业。我们坚持把从事旅游服务作为促进群众就业创业的重要途径，创造汉服跟拍、妆造、文创等就业岗位。2023年，开展汉服妆造、跟拍摄影等各类职业技能培训1.2万人次，文旅相关产业带动辖区3万余人就业，越来越多群众吃上"旅游饭"。

创业者有收入更能致富。以洛邑古城周边居民为例，主营汉服体验的夫妻店，淡季日均接待顾客30人左右，旺季达到上百人，月均营收15万元以上；配备5间客房左右的小型民宿，旺季月营收达到7万元，相关从业者人均月增收3000余元，老百姓真正享受到了旅游发展带来的成果。

穿汉服有意思更有意义。汉服体验最初是有意思的个人旅游体验行为，发展到汉服热后，从旅游行为转变为文化现象、从旅游引领转变为文化引领，成为推动经济社会高质量发展的催化剂。

在汉服引流下，老城区的餐饮、零售、住宿等行业快速发展，新增市场主体6760个。以洛邑古城宴天下为例，在2023年，传统正餐淡季的六、七、八月，散客消费增长153%、126%、125%，实现了淡季不淡，旅游"一业兴、百业旺"的乘数效应持续释放。

在我们的努力下，文化充满自信。我们以习近平文化思想为指引，守正不守旧、尊古不复古，扎实做好历史文化资源的活化利用，努力让收藏在博物馆里的文物、陈列在广阔大地上的遗产、书写在古籍里的文字都"活"起来。洛阳正在加快建设国际文化旅游名城和国际人文交往中心，先后与法国的图尔市、意大利的维泰博市等15个城市缔结国际友好城市，每年接待境外游客近200万人次。老城区积极推动汉服教育普及化、大众化，开发汉服相关历史文化、国学礼仪等100余项课程，10余条研学线路，推动汉服进校园、进机关、进社区，唤起了人们对传统文化的认同感，助推中华优秀传统文化从"故纸堆"走向"聚光灯"，让文化自信的命运齿轮不断转动。

短短几年时间，在洛阳的大街小巷里，汉服从曾经路人眼中的"奇装异服"，逐渐融入生活的点点滴滴，超越了传统与现代的界限，蔚然成风。成千上万的年轻人从世界各地奔赴洛邑古城，以一身汉服把传统文化穿在身上，以角色扮演把千年历史照进现实，在沉浸体验中主动成为中华文化的"薪火传人"。

在文明互动互鉴下，老城19位汉服艺术家远赴韩国济州表演，传播文化；外国游客和众多驻华外交官来洛邑古城穿上汉服，感受中华文化魅力，让华流席卷全球。"仓廪实则知礼节"，汉服的蔚然成风，背后是综合国力的显著提升，是泱泱五千年历史文化的支撑，是从政府到民间无数志同道合者的共同努力。

四、文旅强区，期待携手共创时代芳华

"古来利与名，俱在洛阳城"。洛阳在历史上曾是我国多个朝代的政治、经济、文化中心，万国来朝、熙熙攘攘。如今的洛阳，是国务院首批公布的历史文化名城，是国家区域性中心城市、中原城市群副中心城市、"一带一路"重要节点城市。

现在的洛阳、现在的老城更有速度。

洛阳坐拥承东启西、连南接北的地理优势。老城区域内立体交通网络完善，2条快速路纵贯南北；2座立交枢纽通达四方；地铁1、2号线均在辖区运行；洛阳机场通航国内外30余个城市，是洛阳乃至豫西地区重要的交通枢纽和人流、物流、信息流集聚地。

现在的洛阳、现在的老城更有态度。

洛阳市加快打造市场化、法治化、国际化的营商环境，营商环境评价保持全省前列，对符合条件的企业，可给予单笔最高500万元

的资金补助。老城区文旅产业势头强劲、潜力巨大、环境优良，正在成为众多客商的第二故乡。为吸引更多优质企业，我们每年安排文旅产业发展专项资金1000万元，还对产业关联高、带动能力强，对就业、税收、技术创新、经济发展贡献大的项目，采取"一事一议""一企一策"的方式给予政策配套和保障服务。

现在的洛阳、现在的老城更有热度。

近年来，洛阳市成功引入了宁德时代、万达集团、华强集团、当红齐天集团等，打造中州时代新能源生产基地、盛唐文旅小镇、洛阳华夏历史文明传承创新产业园、5G+XR元宇宙产业园等项目。老城区正在深入实施"文旅强区"战略，与深文投、广东逸旅等合作，加快推进洛邑古城一期续建、翠云谷近郊乡村游示范、翠云峰森林公园及翠云阁、客家文化主题酒店等重点文旅项目。

一千多年前，洛阳的新潭码头、万安山下、大谷关前，见证了3次衣冠南渡，滋养了江南的人文水土；一千多年后，2024年，洛阳即将举办世界客属第三十三届恳亲大会。欢迎大家欢聚洛阳、畅游老城。

赵书政

中共老城区委书记

专家访谈（一）

传统旅游单一属性被打破，
综合性创新性产品成为市场主流

开篇语：

转型升级，走一条高质量发展的路子，是当下旅游市场急需解决的大问题。结合实际的创新，勇于打破传统旅游的单一属性，打造综合性创新产品是成功的关键所在。洛邑古城的国潮汉服热、"声入姑苏"项目、柯桥古镇的十二风雅集，以及阿者科计划等，都是结合当地实际情况所做的创新、创意，也是未来"中国服务"应该坚持走的路。

主持人：

厉新建　北京第二外国语学院首都文化和旅游发展研究院执行院长，文化和旅游部"十四五"规划专家委员会委员

嘉宾：

戴学锋　中国社会科学院研究员

高舜礼　中国社会科学院旅游研究中心特约研究员、中国旅游报社前总编辑/社长

曾博伟　中国旅游协会休闲度假分会副会长、北京联合大学中国旅游经济与政策研究中心主任

案例代表：

张　亮　苏州文化投资发展集团总经理助理、苏州文化艺术中心总经理

厉新建：刚才3位嘉宾做了非常精彩的分享，既有学者的情怀、企业家的精神，也有有为政府的状态。听他们娓娓道来，相信各位都很受启发。但是今天我们面临的是一个不断变化的环境。在这个过程当中，我们所面对的客群也在不断地变化。在变化的过程当中，如何因时而变、因势而变，就成为每一个企业、每一个旅游目的地必须面对的选择。接下来我们就传统景区、传统旅游在变化的环境中的综合性、创新性发展，跟4位专家做一个简短的对话。

第一个问题，我想问问高舜礼老师。您一直在国内外旅游业实践最鲜活的前沿进行现场调研，一定也发现了很多跟这次推荐案例一样的成功案例，当然也会接触到一些失败的案例。您觉得现在的旅游和传统旅游相比究竟有哪些新的变化？除了这次推荐的8个案例外，还有让您印象非常深刻的典型案例能跟我们分享吗？

高舜礼：传统的和现在的旅游，不是拿2019年和2023年来对比，只有一个较长的时间跨度，才能看出变化。稍明显的变化大致有这么几个方面：

第一，从客源来看，历经3年疫情的阻隔，当下这个时间段旅游者的旅游需求比较旺盛，但消费的能力比较弱，游客非常想出去旅游，但是又不想花费很多，出游次数也比较少。现在的这种情况下，应想办法增加旅游者的消费能力。

第二，从市场来看，现在的三大市场（入境旅游、国内旅游、出境旅游）跟以前的三大市场相比，在恢复上呈现出明显落差。这个落差在入境与国内旅游相对比更明显。需要想办法来尽快平衡三大市场的恢复，尤其是入境市场。

第三，从产品来看，历经3年疫情，旅游产品被闲置、折旧，部分已经加速进入淘汰或者库存状态。待盘活的旅游存量比疫情前明显增多，急需优质产品不断问世。这次发布的8个案例，就是推陈出新的代表。

第四，从企业实力来看，疫后都普遍比较虚弱，就像大病初愈之人，本该好好地恢复，但为了养家糊口，仍旧要扛大包、干重活，还要负重往前跑。然而实际情况是，企业急需减负，急需休养生息、强身健体。

第五，从投资开发来看，疫情以后不少项目仍在走开发老路，致使旅游库存持续加大，急需要转变发展方式，转型升级，走一条高质量发展的路子。

旅游的发展变化是有前提条件的。谈变化应该是有较长的时间跨度，没有这个跨度就很难看出变化；应该符合理性逻辑和基本规律，否则很可能违背常理，如网络旅游、反向旅游就是代表；应该在大量对比和广泛的样本比较中看变化，否则很可能会以偏概全、一叶障目；应在旅游的官产学研都有共识的状况下去谈变化。变化有渐变和速变，有大变和小变，动辄就说旅游变了，这些说法往往是经不起推敲的。旅游不可能经常变、快速变。

我平时在外面差旅，遇到的印象深刻的正面典型案例凤毛麟角，感觉太差太落后而印象深的倒是不少。

今天发布的这些案例都是好的代表，洛邑古城就是我发现和推荐的，这样的案例在现实当中比较少，但不能说它就是最好的。为什么呢？

首先，因为我们国家很大、旅游资源很多，我们可以开发出各个方面的代表性产品，今天所发布的每一个案例都是某一个方面的代表，也都是阶段性的代表。

其次，任何一个案例会有一定的生命周期，各领风骚三五年，之后后浪就会推前浪，可能出现新的案例。

再次，可以称为杰作的案例或者说印象最深刻的案例，应该是经过时间检验和大浪淘沙的，没有经过时间检验的案例，很难断言它是否能长久。因此，需要时间加以沉淀和游客以脚投票。我希望能够有一些久经考验的案例，那将是最好的行业之福。

厉新建： 谢谢高社长的发言，非常精彩！虽然旅游市场表现出来的需求很旺盛，但是可能真正的消费能力和旅游目的地的收入增长还是面临很大的考验。当然他也讲到三大市场之间不平衡的恢复问题，我们在发展的过程中怎么关注到资源闲置，怎么关注到在发展的过程中的投资模式，怎么进一步优化从而不走原来的老路等等。高社长还提到，看变化的时候要理性地看待，有意义的变化不是经常发生的。怎样看待变化的阶段性问题，怎样看待变完后能不能真正沉淀下一些东西，这可能需要看待变化的时候秉持分析问题的态度。

刚才高社长讲到洛邑古城，讲到了沉浸式体验的问题。我想问问戴老师，现在有很多人说，旅游过程中一个非常大的变化，就是玩法变了。以前人们到景区是看风景，现在旅游已经走出了单一观光的阶段，文旅融合、农旅融合、体旅融合等跨界融合成了新时代旅游业发展的主旋律，洛邑古城等汉服妆造旅拍甚至再造了一个以往人们不认识的洛阳。就您的观察来看，为什么综合多元、迭代创新的产品会成为当前的市场主流呢？

戴学锋： 这是一个非常好的问题，要想回答这个问题，就要看看我们中国整个旅游业的几个变化：

第一，从原来封闭的景区走向开放的泛景区，这是一个特别大的变化。中国人旅游可能和全世界旅游的区别在于：我们特别喜欢在一个封闭的空间里创造一个我们认为的美。十多年前在国家旅游局开会时，我说中国景区的标准做得最好。有一天中国景区标准有可能会走向世界、反哺世界，因为它既提供了一个标准，又和我们中国传统旅游方式结合在一起。传统的旅游方式就是在一个封闭的空间里，安全、舒适、方便、享受。以前我们是在封闭的围墙里把假山假水做得像真山真水一样去旅游，现在我们把真山真水围起来，把一个社区围起来变成5A景区。这个标准继承了中国的传统文化，又把现代旅游需求结合在一起，达到了顶峰，甚至可以影响世界。

但是现在的旅游市场又变了，把围墙去掉了，变成了泛景区。原本有形无形的一堵围墙已经消失了，融入社区变成了一种新的旅游需求。

第二，沉浸式旅游体验。洛邑为什么能够影响这么大？大家为什么感兴趣？其中一个最主要的原因就是沉浸式、体验式，这种沉浸式、体验式和我们原来说的又不一样。卞之琳写过一首诗："你在桥上看风景，看风景的人在楼上看你。"现在变成了"你在桥上看风景，我也在桥上看风景，你装饰了我，我装饰了你，你中有我，我中有你"的体验。

环球度假区开业的时候，小姑娘们一人拿一棍子、穿黑衣服，让我很是不解。于是他们解释说：那不是棍子，是魔法杖，他们穿的衣服是哈利·波特的服装。现在人的旅游已经不一样了，更注重沉浸式、体验式。而这种沉浸式、体验式发展到极致就是接下来张亮总要介绍的"声入姑苏"这个项目。"声入姑苏"这个项目，我连续推荐了两年，终于推荐上来了。

这个项目好在什么地方？它提供了沉浸式的旅游方式：场景和没有围墙的景区结合在一起，给游客提供了真实的体验。例如，你穿过苏州的小街巷，可以感受到苏州人做菜、炒菜的声音，可以听到吴侬软语，甚至是街坊之间的吵架声，这种真假梦幻迷离的感觉，不仅仅是"声入姑苏"，更是一种新的旅游方式，而这种新的旅游方式是真正的文旅结合。这种新的旅游方式可以复制到很多地方，而且可以推广到很多地方。例如新疆喀什，我就多少次向他们推荐：可以做一个"声入喀什"，进入喀什去感受百年茶馆，去听维吾尔族音乐。维吾尔族音乐非常不一样，木卡姆是中国第一批世界文化遗产。类似这些旅游元素都可以通过声音、图像、特定的场景呈现出来，让游客能沉浸其中。我觉得"声入姑苏"项目不仅仅是项目本身的成功，更是迎合了现在的旅游需求，继承、捍卫和发展了中国旅游的旅游需求，这是一个趋势。如果我们能抓住这个趋势，今后肯定能够做很多事情。

厉新建：谢谢戴老师！刚才戴老师分享中，我学到了两点：第一，景区在发展过程中面临非常大的变化，原来是封闭的，现在是开放的。如果说以前的旅游业在封闭运营的模式下可以躺赢的话，现在的旅游市场则要求有创新、有亮点，不然可能就不行了，所以大家都会更加努力推动创新。第二，每个消费者、游客之间互为背景，在这个过程中共同营造某种氛围就很重要。实际上今天在旅游的过程中，包括大家都在讲的场景其实就是一个气氛化的空间。这个气氛是谁营造出来的？是你和我一起营造出来的。这个气氛的营造本身就是沉浸式体验非常重要的前提。非常感谢戴老师！

下面想请问曾博伟教授，除了前面几位专家讲的之外，在传统景区单一化发展突破的过程中，还有哪些路径可以走，或者在创新的过程中，有没有一个路径可供大家去寻找创新？

曾博伟：中国旅游协会这次推荐的8个案例不是让大家去简单模仿，而是要去学习其中创新的方法。如果在旅游产品开发上只是照抄照搬，很难真正赢得市场的认可。

因此，旅游产品创新的根本不是去照搬，而是需要一些新的思路和新的框架。

第一，新的需求。经济学上有供给学派，认为新的供给是可以创造需求的。对旅游业而言，创新引领供给，供给创造需求。今天有很多的旅游消费方式其实以前都没有，比如旅拍，这几年就很火。比如夜游以前也有，但是没有现在这么火。这就说明旅游过程中有这个需求，但以前没有通过供给激发出来。以前的传统演艺，现在也更多使用了沉浸式的方式，包括洛邑古城、长安十二时辰都是新的需求。我们以前没有意识到这种需求这么旺盛，做出来之后才发现有需求。而且不同的人群有不同的需求，我们一开始就在认真思考：是不是真正满足了每一细分人群的市场需求。

第二，新的内容。过去说观光景区核心是好看，所以我们会说九寨归来不看水，那以水景为主的其他景区还有希望吗？五岳归来不看山，黄山归来不看岳，你去了黄山以后就不看山了吗？这是不可能的事情。但从观光视角去看，水很难超越九寨沟，山很难超越黄山，这是事实。但如果从新的角度着手，就会有新的突破。因此我们需要整体考量新的内容。人的体验包括眼、耳、口、鼻、身、心，等等，并不局限在"看"上。其实我们这次推荐的案例"声入姑苏"核心就不是看，而是用耳朵听，"声音"成为旅游的核心吸引物。因此，我们要打开思路，围绕综合体验进行创新，比如未来能不能开发一些以嗅觉为主导的新内容、新体验。

第三，新的场景。大家一直在说场景，我认为旅游本身体验的内容大体都差不多。吃住行游购娱，依然是旅游活动和旅游体验的基本元素。变化大一点的就是"游"。以前，"游"就是看景区，现在则可以体验很多东西。所以场景的变化是很重要的，同样的事情在不同的场景里可以有不同的感受。所以创新的不是吃住行游购娱体验本身，而是旅游体验场景的变化。比如柯桥古镇的十二风雅集，对应的是"购"这一体验，但是场景变了，整个体验就变得更有文化底蕴，感觉就大不一样了。所以新的场景里面可以激发购物的需求。

第四，新的服务。我们旅游业本质还是服务的行业。旅游的内容可能会不断改变，但对服务的追求不会改变。因此创新最核心的还是服务本身，服务的精细化、个性化，能不能让游客很满意。东西还是这些东西，菜还是这些菜，交通还是这些交通，但是通过创新，让服务变得很好，让游客满意，这就非常不容易，这也是无止境的追求。

第五，新的机制。需要用新的机制来激发创新。保继刚老师讲的阿者科的案例中，不仅有学者的情怀，更是创造了一种新的机制：政府和村民如何在这个过程中真正受益——这是很重要的。有新的机制，就能把事情持续地做好。所以这是创新应该特别关注的东西，其他的都可能是表象。有了新的机制，自然而然会有人创新、有企业创新。

厉新建：曾教授刚刚讲了5个基本的创新路径，怎样关注到需求的引领，怎样关注到内容的生产，怎样关注到场景的打造，怎样关注服务的优化，怎样关注到机制的保障。我相信各地围绕这五个方面都有很多可以展开的地方，围绕着这些基本路径把各地因地制宜的内容加进去，就会形成每个地方不同的创新。

下面问一下张亮总。您在产业实践一线，是传统旅游革新的操盘者，您能不能结合你们的"声入姑苏"系列和大家分享一下，文化旅游产品领域如何加大创新？

张亮： 我此刻的心情有些诚惶诚恐，特别是听了前面各位嘉宾的主题发言后。每个项目都有着厚重的历史文化、积极的社会价值、显著的经济效益，都是承载量很丰富的大项目。而我一直觉得我们的《声入姑苏》太小了。但是我也一直在思考，是不是恰好因为我们的精巧独特，才能够在多变的文旅消费环境下展现出自己的生命力，这可能也是协会给予我们认可的重要考量。

沉浸式感官体验剧《声入姑苏》系列生长在苏州这个精致温婉的江南水乡城市。苏州的旅游文化资源可谓是非常丰沃，但是长期以来缺少一台有影响力、有规模体量的文旅演艺项目。这些年里，苏州很多企业也和大导演、大机构接洽过，但是一提及高昂的创投费用和制作运营分离的服务模式，企业就打了退堂鼓。我们团队一直在苏州做演艺文化运营，十多年深耕本地市场的经验让我们清楚地看到：苏州其实不乏文化旅游的精品产品，只是他们都是"小而美"的项目。比如近几年在全国最具代表性的市集品牌——本色市集，吸引了全国甚至海外的很多玩家、游客集聚到苏州，进行多元文化的交流碰撞。最具国际影响力的苏州园林也在不断地融入更多的互动体验方式，《拙政问雅》、网师园夜花园、沧浪亭《浮生六记》等，都是基于园林空间小巧精致秀美的表达。再比如，苏州有大量的评弹表演艺术家、青年演员活跃在苏州近百个小书场，既丰富了市民文化生活，更服务了游客的文旅体验。苏州有一个网红评弹书场，一年的票房就能做到两千万元。

在苏州长期而生动的实践中，我们探索出了属于自己城市发展的独特道路：苏州其实就是小而美的代表，需要更灵动、更优雅、更潮流的文旅演艺，而不是千城一面，随波逐流。所以我们在疫情期间做了《声入姑苏·平江》这个创新探索的项目，也是对苏州市打造"百剧之城"工作的积极响应。

通过这个项目的研发实践，我们更加明确了《声入姑苏》系列在创制上的指导思路：我们不诠释解读文化，我们用声音让观众感知文化的丰润；我们不改造重塑城市，我们用漫游让游客浸入城市的街巷。

虽然项目投资规模小，观演人数也不多，但在实际运营的时候会发现：整条街的游客都会驻足侧目这30名观众的举动，为什么他们戴着闪亮的耳机穿行在人群中，为什么他们的行为与众不同，他们到底在听什么，他们将要去往哪里……一条街的游客在这一刻变成了整台戏剧的观众，也成了我们30名观众眼中的演员，这正是《声入姑苏》系列最独特的魅力所在。我们就像是这个街区、古镇中的一条鲶鱼，把整个街区的热度和好奇都激发了出来。这样一个项目，既不用大修大建，不需要购买硬件设施设备的大额投资，也没有运营的繁重负担，项目展现的就是在产品同质化严重的市场中，独树一帜的精巧，引领消费的审美。

声音剧场其实在戏剧舞台上并不少见，但是放在文化旅游体验中往往会更强调视觉感官的部分，而我们恰好特别强化了听觉的体验，不用真实的演员表演，而是通过声音构建戏剧场景和叙事，从而形成更引人入胜的沉浸体验。在听觉为主导的体验中，再适当激发出对味觉、嗅觉的期待和惊喜，比如不同季节融入苏州"过时不食"文化，品尝四季点心小食，不同时节还能嗅到应季的花香。黄昏时分走在一条狭窄里弄，旁边一户人家正在炒菜，这时就知道这一对苏州老夫妻今晚吃的什么菜。《声入姑苏》系列演出是真正能够让游客深入这个城市，融入这段历史，体会这里的生活，这对于忙碌的都市人、喜爱City Walk的年轻人来说是具有极大吸引力的。

还有一类重要的客群是会展旅游和在地企业客户。苏州文化投资发展集团本身有很强的会展业务，使我们可以更好地整合优质的渠道资源。当会展客人来到苏州，想更轻巧更立体地感受城市文化时，当在地企业想尝试形式新颖、融合传统文化的员工活动时，我们这类产品就提供了最独特的选择。

当然，我们这个项目还存在一些不足，比如产值规模偏小、受天气环境影响较大、旅游体验与戏剧表现存在矛盾等，都有待提高。但是中国旅游协会的案例推介给了我们巨大的鞭策和激励，驱使我们在未来不断打磨提升内容体验，研发迭代更丰富独特的声音剧场文旅产品。让我们的文旅演艺在未来可以尝试更多"声音+"的模式，成为有更多可能、更加持续、更具拓展价值的市场化文旅演艺产品。

厉新建：以往大家比较喜欢大规模的投资。"声入姑苏"给了我们一个非常鲜活的案例：怎样以小见大，怎样另辟蹊径。如何从大规模转向小体量，怎样把体验做深，怎样把品牌做优，怎样把发展做持久，这可能是"声入姑苏"给我们提供的非常好的经验。今天是一个加速度的社会，怎样放慢脚步去打量城市，真正体验城市的生活是一个问题。小体量虽然是小，但是小而美、小而精、小而特；虽然是一个小的空间，但是有大的影响；虽然是一个小的产品，但是有大的意义。这应该是我们今天创新最应该达成的目的。

高社长刚才讲到有很多变化，我们应该怎么看待这些变化，也讲到一些案例，有成功的，也有失败的。成功的案例大家都希望能学习、复制。那么如果我们想去复制那些成功案例的话，您觉得在复制的过程当中应该注意哪些问题呢？

高舜礼：这是一个很实在的问题。

第一，这些案例属于旅游行业投资的风向标。很多投资者鼓吹这是风口、那是风口；我认为，与此类案例相关的、类似的项目，就是投资的风口。

第二，这些案例是指导行业高质量发展的指南针。我赞同魏小安先生的观点，旅游高质量发展应该是多方面高质量的组合和贯通。这次发布的8个案例，最终都发展成了高质量的旅游项目，照着它们的路径去做就有可能成功。

第三，这些案例是创新突破的工具箱。对于想发展好的各个地方、各个企业，具体怎么做，这些案例都说得很清楚。如果觉得还不过瘾，也可以到8个案例所在地取经。

第四，这些案例为"中国服务"贡献了旅游品牌。段强会长多年前就提出"中国服务"这个大品牌，中国旅游协会也多年致力于全行业创意案例的发现和筛选，现在已经发布五届，每一届的创意案例都是对"中国服务"的贡献。

至于说能不能去复制创意案例，我认为"复制"这个词用得不大好。但如果从学习借鉴的角度去考虑，是完全可以的，主要是学习他们的做法、思路、方法论，就会有收获。

段强会长概括了今年案例的特点，这正是大家学习借鉴时应该注意的。个人觉得，在借鉴这些案例时，应格外注意以下几个方面：

第一，坚持以赢得客源为目标。洛邑古城的国潮汉服热的持续走红，乌村探索的"CCO"经营模式，都是在设身处地为游客着想，以游客为中心。

第二，坚持以市场机制为主导。荻港渔庄以利用和传承非遗为基础，深度开发地理标志农副产品、乡土研学产品、乡土文创产品、乡土精神文化产品，还发展了会议度假旅游，都是坚持以市场为主导的产物。

第三，坚持不断突破创新。阿者科脱贫致富计划，开创了以院校为主体参与的新形式，尤其是在分配机制上有很大突破，打破了动辄就招商引资的"金科玉律"。"柯桥古镇十二风雅集"利用碎片化的民俗文化进行文旅开发，从行业发展来看是有难度的，却取得了突破，成果表现也让人耳目一新。

第四，坚持文旅深度融合。安仁古镇打造开放式的5A级景区，在全国是少见的案例，既有馆藏丰富的小镇博物馆，也有多元丰富的生活化业态，游客在此过的是一种有文化品位的生活。"声入姑苏"是以声音叙事+文旅实景的一种文旅演艺的创新，丰富了演出产品的种类，开阔了文旅演艺的视野，用声音剧场的方式打开了一座城。

第五，坚持认认真真做事。开发"尼山圣境"的无锡团队，一直坚持"一切都做最好"，如孔子塑像就32易其稿，大型舞台剧《金声玉振》演出后平均上座率近80%。"荻港渔庄"以唯一农业文化企业身份申遗（2018年申请全球重要农业文化遗产），连续搞了10多年，在国内可能具有唯一性。

因此，凡是旅游开发和经营的成功者，一定是具有认真做事、精益求精情怀的"大国工匠"。各地方、各企业如果从上述方面去学习、去"复制"，其借鉴成功的概率也应该是较高的。

厉新建：谢谢高社长给我们很大的信心！很多事情如果从借鉴的角度出发还是能够取得成功的。如果只是依葫芦画瓢，这个事情很可能就干不成。就像飞机一样，如果说看到鸟怎么扑棱翅膀飞起来，就要让飞机的翅膀也不停地扇动的话，我们今天可能还坐不上飞机。飞机之所以能飞起来，是因为关注的视角从翅膀扇动转到这个现象背后的空气动力学。所以，在模仿借鉴的过程中还需要找到内在的核心机制。

我还想问戴老师，创新的过程当中有很多路，路不见得都是平坦的，有时候也会有坑。您觉得在创新过程中如何避开这些坑呢？

戴学锋：这个问题特别不好回答，这个坑太多了。我小的时候读列夫·托尔斯泰的《安娜·卡列尼娜》，第一页第一行就是："幸福的家庭都是相似的，不幸的家庭各有各的不幸"。我想成功的项目都是相似的，失败的项目各有各的原因，比如土地的原因，投资过大的原因等。什么样的创意才是成功的，我觉得应该让像陈妙林总这样真正在一线工作的人来回答。我只能尝试着概述一下。

第一，一代人有一代人的需求，一代人有一代的想法，你要抓住这一代人的想法，比如很多沉浸式、融入式的项目，如果放在20年前肯定都是最坏的项目，包括洛邑这样的项目，如果放在30年前没有人去穿你的服装，大家都觉得有毛病，我为什么要穿汉服。但是现在不一样了，放在现在就是最好的项目。放在未来十年、二十年，还会不会是最好的项目，我不知道。所以，要抓住时代的需求，特别是要研究当代人，有消费能力的人或者说有效需求在哪，这是一条非常重要的点。

第二，齐白石说学画画"学我者生似我者死"。我给你推荐了8个项目，你就按照这8个项目去模仿，我觉得死的可能性是80%。但是这8个项目提供了新的想法，就是创新。有创新的东西才能在市场上生存下去。

第三，类似"声入姑苏"这样的项目给我们提供了一个什么样的想法？就是它在边缘地区，在旅游与演出的边缘地区，不断地磨合，可能会产生一些新的项目、新的想法。

厉新建：戴老师刚才讲的这些坑，我觉得第一坑最重要，一定要在创新的过程中去了解市场的想法究竟是什么，而不是我的想法是什么。这可能是在创新的过程中最应该避开的坑。当然这里面也会涉及创新的过程中是不是坚持长期主义，是持续地创新还是浅尝辄止。有时候浅尝辄止就失败了，再坚持一下或许就成功了。

研学是今年非常火的话题，想问一下曾教授，要想在研学旅行领域创新的话，应该注意些什么？

曾博伟：第一，课程化。因为研学其实核心还是一个"学"，它有很强的教育属性，教育关注课程。我们会看到市场上的研学的课程，水平参差不齐。所以做出好的课程是很重要的。

第二，细分化。研学旅行或者旅游要有差异化。比如，尼山圣境是偏国学的；但国学研学不只是儒学，还有道家、诸子百家等；荻港渔庄是农业研学。因此未来研学旅行要针对不同的类型开发不同的产品，不能千篇一律。

第三，专业化。研学其实是有门槛的，现在都在做研学，国家层面也在推研学指导师之类的事情。这意味着研学旅行不是说谁来都可以做，而是要体现其专业性。

第四，深入化。现在很多研学旅行就像滑雪一样，大都是尝鲜性地参加一两次就没有下文了，缺少连续性和复购率。未来我们要让研学旅行也有黏性，要不断深入，让消费者看到研学旅行的效果。

第五，制度化。根据2014年国发31号文件《促进旅游业改革发展的实施意见》，教育部是研学旅行的牵头部门。但教育部牵头的研学旅行是公益性，是学校课程教学的辅助；而实际上现在很多研学旅行是市场化的，商业性的，这既是个大市场，但是也需要规范引导。未来教育部门和文旅部门以及其他相关部门如何界定好职能，协同推动研学旅行持续健康发展需要制度化的安排。

厉新建：谢谢曾教授。

最后想请张总用最简单的语言预测一下，下一步旅游演艺的创新方向可能在哪里？

张亮：《声入姑苏》系列文旅演艺项目，是用文化演出和剧场运营的资源经验来探索文旅融合下的演艺产品研发，从而形成标新立异、年轻态、沉浸式的演艺产品。所以我认为，未来文旅演艺市场还会有更多跨界融合的产品应运而生，而创新思维始终是推动产业发展变化的重要动力。

苏文投集团在疫情期间还做了一个演艺剧场多元化集聚化发展的城市更新项目——苏艺演艺文化集聚区：在苏州文化艺术中心原有大剧场、音乐厅、中剧场、电影院的基础上，利用原有商业空间改造出8个30—200人不等的演艺新空间，创造出更符合都市生活方式、文旅融合发展的演艺新内容、新形式、新空间。所以我坚信，未来的旅游演艺一定是需求越来越多样化的市场，是激发创作、内容为王的市场，是永远鼓励创新、鼓励探索精神、又秉持深耕细作态度的市场。

厉新建：谢谢张总！我们要小型化发展，但是可能要集聚化，这个过程中可能也要形成系列化，这样演艺会有更强的生命力。

非常感谢刚才4位嘉宾精彩的分享。

我们在综合化、创新化发展的过程中，可能还是要坚持从好看到好玩的转变。"玩法才是内容，玩家就是生产力"。同时要思考怎样让玩家带大家、让小众带大众，从而推动产品的创新。在发展的过程中，也需要关注到人们的需求不断在发生变化。以前可能更多是看风景，现在更多关注看风景中的自己；以前可能只是希望看看外面的世界，现在可能更希望能看懂外面的世界。如果在发展的过程中能够紧紧扣住市场需求的这些变化，我们在创新的路上可能就会走得更稳、更远。

开篇语：

　　了解一座城市厚重历史的途径是逛博物馆，感受一座城市人文气息的方式，可能是看一场演出。在文旅融合的大环境下，沉浸式文旅演出正在成为体验城市人文历史的新方式。和传统的舞台演出相比，沉浸式文旅演出往往没有名角大腕，它以城市为背景和舞台，感受一座城市的人文风情，用年轻人喜欢的互动方式，彰显一座城市的底蕴和特色，让游客身临其境。它们是文旅演艺市场的"印象派"——并不厚重却让人时时有惊喜。从这个意义上来说，沉浸式感官体验剧《声入姑苏》就像打开一扇城门，哪怕是初次造访的人，也可以经由一场演出打开一座城，声动光转，满目琳琅，听到、看到、闻到一座城市的历史与当下的气息。

　　《声入姑苏》这种形式新颖、体验独特、体量轻巧、拓展性高的文旅演艺形式，将传统旅游资源与现代旅游需求结合打造出全新文旅新体验，以小见大，另辟蹊径，为文旅演艺产业综合化、创新化的发展提供了"小而美"的案例。

沉浸式感官体验剧
《声入姑苏》系列

戴上耳机，用声音重新打开一座城

沉浸式感官体验剧《声入姑苏》系列由苏州文化投资发展集团（以下简称：苏文投集团）旗下的苏州文化艺术中心制作，以古街、古镇、水乡为舞台，用声音剧场加沉浸式游览的形式，将人文景观与戏剧体验相结合，在现实场景中营造出另一个想象空间，自2020年起先后制作了《声入姑苏》系列之"平江""同里"及"阊门外"三部作品。《声入姑苏》是苏文投集团为推动苏州文旅产业高质量发展，助力打造"百剧之城"，为苏州"率先建成文化强市"贡献出重要成果，也为推动文旅产业融合发展做出了全新探索。

苏州作为重要经济支柱，长三角外贸引擎和旅游胜地，有着丰富多元的文旅资源，既有山水灵秀的颜值，又有人文鼎盛的故事，还有时尚繁华的气质，却一直缺少一台有影响力、有规模、有体量的文旅演艺项目。如何让世人既能领略到古韵悠长的"老苏州"，更能欣赏到青春焕发的"新苏州"、开放包容的"洋苏州"，苏州文化艺术中心在长期而生动的实践中探索出了独特的《声入姑苏》系列项目，以城市为背景和舞台，用年轻人喜欢的互动方式，彰显苏州的城市底蕴和特色。

沉浸式感官体验剧《声入姑苏》系列项目自2020年5月15日运营以来，已正式演出300余场，80%参与调查问卷的观众都给予了85分以上的好评。观众以苏州周边城市为主，约占80%，长三角以外观众约占20%。《声入姑苏》项目是主打文旅融合，针对广大年轻游客开发的个性化产品。

首部作品《声入姑苏·平江》一经推出，就受到了热烈追捧，被江苏省委宣传部评为2020年度"江苏省最受消费者青睐的文旅标杆项目"，2020年度苏州艺术基金支持剧目，2020年度苏州市旅游创新产品大赛获奖作品，荣获2021年江苏省"水韵江苏·苏心产品"创新大赛二等奖，并作为江苏重点项目受邀参加在国家会展中心举办的第三届长三角国际文化产业博览会，登上了《中国日报》国际版苏州八连版。

一、项目特色

在苏州，你可能会遇到这样一群"不同寻常"的人。

他们戴着造型统一的发光耳机，成群结队地行进在街头，脚步坚定，眼神专注，偶尔又会同时停下脚步，时而一起凝视某处，时而各自低头沉思，时而又突然鼓掌喝彩，甚至会集体手舞足蹈起来，引来其他游客好奇的目光——他们到底从耳机里听到了什么？这正是沉浸式感官体验剧《声入姑苏》系列的独特所在。

1.形式新颖

在《声入姑苏》中，游客会戴上耳机，跟随统一的剧情和指令，在古城、古街、古镇开启一段"声入"旅程。步行5000步，经过姑苏人家，穿过古朴街巷，听到多位苏州名家的声音，路过园林、古街、水巷和博物馆，穿过多座跨越千年的古桥，他们会与身边素不相识的29位小伙伴一起，以一种全新的方式游览，脚下即舞台。

2.体验独特

在《声入姑苏·同里》演出时，时常会上演这样的一幕。当"声入"的队伍行进到一个古戏台前，会突然停下脚步，开始打量这座古老的建筑。戏台旁的其他游客会自然地认为"他们在听导游讲解"。随着一位戏曲演员缓缓走上戏台，大家的注意力马上被吸引了过去，翘首以盼着即将开始的表演。可当"表演"开始后，他们才开始意识到另有玄机——表演一直在进行，但台上的演员却始终没有发出任何声音。这时才有人开始意识到："只有戴耳机的才听得见！"

区别于传统旅游方式，沉浸式感官体验剧《声入姑苏》巧妙地将实景、演出与声音剧场相结合，在现实场景中营造出另一个想象空间。从戴上耳机的那一刻起，观众所处的现实空间就被叠加上了一层"舞台的假定性"，将他们与其他游客的所听、所见、所想区分开来。

也正是由于这种差异的存在，《声入姑苏》的观众不仅仅是一名观众，也不知不觉地成为了其他游客眼中的"演员"，激活了整个街区的热度和好奇心。正如同卞之琳写过的那首诗"你在桥上看风景，看风景的人在楼上看你"。不仅如此，《声入姑苏》中还会有一些特定的"任务"或"游戏"，甚至是"比赛"，等待观众去完成。如果你想要尝试形式新颖，又能融合传统文化的文旅项目，《声入姑苏》就是最独特的选择。

3.体量轻巧

《声入姑苏》体量小，每次演出只能容纳30名观众，不用大修大建，也没有繁重的运营压力，每场演出所需的设备、物料一两个人就能携带、运送。其投资规模、制作周期、运营成本相较于传统文旅项目而言，都可以说是微不足道的。

小也意味着轻便。苏文投集团本身还拥有着很强的会展板块业务，而会展旅游和在地企业客户也是《声入姑苏》的重要客群。当他们想要更轻巧、更立体地感受城市文化的时候，30人的小型规模可以很快完成"拼车"。相较于大型文旅项目，可实现高度定制化、随到随演的时间安排和相对经济的演出成本，也是《声入姑苏》的一大优势。

另外，在项目制作完成后，《声入姑苏》的演出运营会寻求与演出线路中的文化机构进行深度绑定与合作，将路线中固有的人力、设备、物料合理统筹，通过这种方式，不仅能够将演出成本优化，也能充分调动演出路线中的商户、店铺的积极性与配合度。

或许也恰好是因为具备如此轻巧的体量，让《声入姑苏》拥有了更高效的"新陈代谢"和"演化"的周期。自2020年5月，首部作品《声入姑苏·平江》已更新迭代、改版二十余版，早早完成了成本回收，系列作品《声入姑苏·同里》与《声入姑苏·阊门外》也分别完成了项目制作，开始了日常演出。"金鸡湖""仓街"甚至"莫干山"，更多的"声入"也已蓄势待发。

4.拓展性高

《声入姑苏》不依赖真实的演员表演，而是通过声音构建戏剧场景和叙事，这种"构建"甚至可以不受场景和空间的限制。在《声入姑苏·平江》中，存在着红、蓝队分队的设计，身处不同队伍的观众，虽同时行进在同一条线路中，但因耳机中听到的内容不同，获得的戏剧体验是完全不同的，正是通过这种"构建"，在同一个空间场域中体验出了不同的感受。

以听觉为主导的声音剧场基因，在视觉、嗅觉、味觉、触觉上提供了更多的自由，行进式戏剧的模式又可以轻松打破单一空间的限制，从而巧妙地拓展出更多的"声音+"模式。苏州有顺应时令的"过时不食"的文化，在《声入姑苏》中也能在不同季节品尝到各季的点心小食，嗅到应季的花香。正是由于具备极高的可拓展性，《声入姑苏》才能够在多变的文旅消费环境下展现出独特的生命力。

二、发展历程

近年来，沉浸式文旅蓬勃发展，不断出新。《声入姑苏》为何能走到今天？作为苏州本土戏剧人才成长发展的见证者和参与者，苏州文化艺术中心十分清楚，这并不是一蹴而就的。

1.发展背景

苏州文化艺术中心从2007年开业之初就开始组织话剧节，起初只是集中在两三个月，到2015年已经发展为周周有戏看，全年演出达到100场。2018年的苏州青年戏剧节，全年更是达到了400场左右。2022年底，苏州文化艺术中心重磅推出的苏艺演艺文化集聚区，更是将演出规模推进到了2200场。来到苏州，看一场演出已经成为游客"必修课"之一。

响应打造"百剧之城"的城市发展号召，从戏剧舞台上常见的"声音剧场"出发，苏州文化艺术中心探索出了《声入姑苏》系列在创制上的指导思路：不诠释解读文化，用声音让观众感知文化的丰润；不改造重塑城市，用漫游让游客浸入城市的街巷。

2.一鸣惊人

2020年5月，《声入姑苏》系列首部作品《声入姑苏·平江》应运而出。用一个虚拟人物，穿越到人间，发现人间有那么多动人的故事，自此迷恋上了人间。在这片古城里，能看到状元潘世恩与林则徐的故事、潘达于护鼎（《国鼎魂》）的故事、赛金花的传奇故事、《牡丹亭》的前世今生等。声音是《声入姑苏·平江》的"主角"，剧中一共使用了超过100个人的声音。为了采集这些声音，项目组花了整整一个月时间，在街头巷尾实地录制。你会听到自行车从身边经过，路边房子里炒菜的"滋啦"声，修棕绷床的、卖白兰花的、磨刀的吆喝声络绎不绝，这是属于老苏州的"市井烟火气"。

项目一经推出就受到了热烈追捧。每当演出进行，整条街的游客都会驻足侧目这30名观众，戴着耳机行进的他们给整条街区注入了一种新奇的生命力。《声入姑苏·平江》成了"爆款"。

《声入姑苏》火了，但是纷至沓来的认可并没有冲昏制作者的头脑：产值规模小；受天气环境影响较大；旅游体验与戏剧表演存在矛盾；行进路线归属多方管理，难以应变，项目仍存在着很多需要思考破局的点。但苏州文化艺术中心坚信，文旅演艺市场的需求一定是持续变化的，创作始终是充满挑战的，运营必定是稳扎稳打的。正是这种信念驱使着他们要不断打磨《声入姑苏》系列产品。

3.开枝散叶

随着平江路演出的持续火爆，《声入姑苏》也开始收到各领域投来的橄榄枝。很快，项目组锁定了"同里"和"阊门外"两个作品。

由苏州同里国际旅游发展有限公司出品，苏州文化艺术中心制作的《声入姑苏·同里》，以退思园主人建造园林、建立女学为引，以当年丽则女学的学生的视角，回忆同里古镇的水乡生活，带领游客感受同里水乡古镇悠悠、吴歌轻奏、枕水人家。从一段情愫，走进一小时人生，体会水乡背后的人生力量，体会退思之间的功与过，体会一杯江南水的人生哲学。

而《声入姑苏·阊门外》则聚焦"江南四大才子"之首的唐伯虎。大众眼中放荡不羁的他，常常在深夜叹息，这背后究竟掩藏了什么样的秘密？风流才子又拥有着怎样不为人知的过去？通过古城小巷承载的历史，我们将直接与唐伯虎对话，拼凑出唐伯虎的一生，并改写他毕生的遗憾。

4. 不止声入

《声入姑苏》系列文旅演艺项目，是苏州文化艺术中心充分利用文化演出和市场运营的资源与经验，大胆探索文旅融合背景下的演艺产品研发，从而形成的标新立异、年轻态、沉浸式的演艺产品。而苏州文化艺术中心在城市文化发展上的探索不止于此。

苏文投集团在2022年打造了一个演艺剧场多元化集聚发展的城市更新项目——苏艺演艺文化集聚区：在艺术中心原有大剧场、音乐厅、中剧场、电影院的基础上，将原有商业空间改造出8个能容纳30—200人不等的演艺新空间，构建"12+N"的剧场集群，在有限的建筑空间里，创造了无限的休闲时间与戏剧空间，也创造出更符合都市生活方式、文旅融合发展的演艺新内容、新形式、新空间。

三、项目展望

"螺蛳壳里做道场"是一句广泛流传于吴语地区的俗语，意思是在狭小的地方做成精妙复杂的事情。从"小而美"的《声入姑苏》系列，到日夜秀不停的苏艺演艺文化集聚区。苏州文化艺术中心团队进行了广泛的市场调研，在演出项目和空间规划方面花了大量的时间和心思，力求为各类人群提供差异化的、垂直化的戏剧内容。因为苏文投集团坚信，未来的文旅市场，一定是需求越来越多样化的市场，是激发创作、内容为王的市场，是永远鼓励创新探索精神、又秉持深耕细作态度的市场。

专家访谈（二）

旅游与文化及多种业态深度融合，体现文化的内涵与文明的深度

开篇语：

　　随着旅游市场的不断发展，旅游与文化以及其他业态的深度融合已成规模，也是未来发展方向。尤其是文旅融合，已经成为旅游业界的一个大趋势，如何将旅游产品与当地文化相结合，如何让旅游形式与当地风土人情融合，是旅游从业者需要思考的问题。创造创新，是文旅融合永恒的主题。"中国服务"的历届创意案例产品都是在做这个探索。

　　主持人：

　　张　辉　世界旅游城市联合会专家委员会副主任、教授，博士生导师

　　嘉宾：

　　杜一力　中国旅游协会副会长，原国家旅游局副局长、党组成员

　　魏小安　中国旅游协会休闲度假分会总顾问、世界旅游城市联合会首席专家、全国休闲标准化技术委员会副主任

　　案例代表：

　　徐敏利　湖州荻港徐缘生态旅游开发有限公司董事长

　　徐靖辉　成都市安仁古镇景区管理委员会副主任

张辉：刚才听了第一场讨论，很丰富，也很热闹。我们第二场就比较有意思，特别是关于文明的深度。我想我们经过了40多年的发展，"中国制造"已经在全世界形成了影响力，已经形成了重要的概念。"中国制造"是靠产品、产业链影响着全世界，而"中国服务"将成为继"中国制造"后的另一个中国概念，成为我国未来十年一个很重要的方向。"中国服务"要成为我们下个十年能与"中国制造"相媲美的概念，要依靠我们的旅游业态的创新和旅游供应链的构建。旅游业态的出现要通过融合完成，特别是中国在旅游、服务方面有深厚的文化传统。所以我们今天通过这样一个话题，来谈一谈通过旅游与相关产业的融合，怎么样来体现、发扬中国的传统文化？

我先问魏老师，因为魏老师长期在基层调研，今年我们出现了很多现象，比如博物馆热、汉服热、夜游热等现象，从需求侧来看，是不是中国游客对文化旅游的消费、文明的对话开始有这样的需求呢？

魏小安： 这是一个好问题。"中国服务"和"中国制造"，不是PK，是融合，反映了整个经济形态的变化。严格来说，现在有关制造业、服务业的分类，服务业又有生产型服务业和生活型服务业的分类，这些说法我都不赞成。比如说物流是服务业，这一车如果拉的是方便面，是生活型服务业，如果拉一车钢材则是生产型服务业，显然这样分类只会导致越来越乱，当代社会总体的概念其实是泛化、跨界、融合。

同样从旅游的角度来说，今年根本性的市场变化是什么？是文旅在消费层面深度融合、广泛融合。我们原来说文旅融合是从政府角度讲，成立文旅部就是文旅融合了。这融合了什么？然后从供给的角度来说生产者需要文旅融合，生产者从来都是文旅融合的。今年的变化其实就在于文旅消费层面深度融合，其中一个本质性的原因是什么？就是社会变了，时代变了。

比如，改革开放刚开始的时候，我们这一代人看发达国家是仰视，不光是他们的器物过来觉得不得了，包括他们的文化、知识、科技对我们来说都是颠覆性、轰炸性的。经过40年从仰视转向平视，现在这一代年轻人生下来就有充分的文化自信。现在年纪稍长的开始喜欢传统文化了，所以很自然形成了今天市场一系列的"热"。正是因为这一代人的成长，才出现了文旅融合的现象，这一定不是短期现象，一定是长期的。这种长期就预示着我们这个产业的未来发展。这次的"中国服务"·旅游产品创意案例征集活动出来的8个案例，有哪个是没文化内涵的吗？都是文旅融合的结果。也恰恰因为对应了文旅融合的需求，所以才有了这么好的格局，这个格局是让人很乐观的。只是虽然市场的潮流一波一波，给大家一种错觉，觉得这市场不得了了，但其实是旺丁不旺财。只是虽然市场并不是特别乐观，但是方向和发展却是非常乐观的。所以我们要比较客观地来看待这些事。没有一旺都旺，也没有一损都损，从来都是有起有伏。一定要避免非此即彼、非黑即白的思维方式，这种思维方式会误了我们很多的事。可惜这种思维方式一直是我们的主导型思维方式。

比如，说我们从观光旅游时代到了休闲度假时代，这个话我就不赞成，休闲度假时代就没有观光旅游吗？一定是包括了观光旅游的。第一代旅游者一定是观光旅游者，第二代旅游者开始追求文化，第三代旅游者开始追求休闲度假。他们在市场上是同时存在的，为什么有了你，我就不能活？有了我，你就不能活呢？绝不是这样的，但是都需要提升、变化。

张辉： 魏司对今年整个旅游现象作了分析，得出的一个结论给我印象很深：文化和旅游的深度融合，今年表现非常充分，而且这个融合是持续性的。这对我们下一步中国旅游发展的方向性，特别是建设有文化目的、有文明底蕴的旅游体系打下了一个很好的基础和很好的开端。

我想问杜局长，当旅游发展到现在这样一个阶段以后，旅游形态在变化，观光旅游、度假旅游、休闲旅游，在演变过程中，我们的供给也需要发生变化，那么要怎样去适应这种需求的变化呢？在这样一个过程中，我们发现中国的旅游和世界旅游有着差异性：中国是有一个五千年文明史的国家，有很厚重的文化和很厚重的文明。这次的推荐案例中有两个是农耕文明的代表，也是现在年轻人非常感兴趣的项目，所以是不是有这样一个问题：当中国的旅游进一步向深度发展时，是不是可以把以前的农耕文化和农耕文明，甚至更早的远古文明激活起来？

杜一力：文旅融合的格局越来越广，这是对需求的响应。经济社会越发展，人们对文化的需求越多，层次越高。但是具体到产品，应该是越来越深入。张辉教授提出：我们五千年丰富厚重的文化怎么打造成产品？这真是文旅产业永远的课题。既能好玩好看，又能够深刻反映中国文化的特质，几十年的产品打造就是几十年的探索。"中国服务"的历届创意案例产品都是在做这个探索。今天在座的两位——获港桑基鱼塘徐敏利女士和安仁古镇徐靖辉主任，他们都在通过产品探索这个大课题。特别是获港桑基鱼塘，从农家乐起步，一步一步挖到了本土农耕文化之根，铆钉了五千年稻作文明的"桑基渔业"的代表形态，就展示了不寻常的内涵，很深入。

稻作文明有很多典型的农业遗产可以称之为代表形态，比如浙江青田的"鱼稻共生"。保继刚教授提到的哈尼梯田，那是一种水气、森林、哈尼族、稻田四维共生的农业生态。类似的还有日本的"里山风景"，也是稻作文化代表生态，"里山"代表生态、生产、生活方式的统一。而获港鱼塘除了体现人和自然的密切依存关系之外，"桑基"生态还表达着丝绸之路的由来。文化的呈现形式千姿百态，但是抓到了根文化，就可以不败！不管时代发生多少变化，人们总要回到自己的根，或者说时代越是巨变，根的存在越是宝贵。一个拥有不间断的五千年文明的国家，对自身文明生长出来的生态文明和生活方式是不会忘记的。

之前我给徐总的鱼塘提一个建议：把"桑基鱼塘"概念放在品牌上，而不要叫"渔庄"。"渔庄"会让人联想到火锅店，定位于一般意义上的农家乐，我们要更善于把根文化展示出来。农家乐通过十几年的提升，很多产品深度抓到了根。千年的文化抓住根本可能是一个不变的法宝。

张辉：杜局长谈了当中国旅游往深处走就是抓住了中国的根文化，因为旅游是寻找非惯常环境的。我们以前只关注旅游市场带来的经济利益，但实际上当旅游进入现在这样一个发展阶段时，旅游对传统文化的挖掘，包括文明的挖掘是非常深厚的。中国的传统文化的挖掘，包括传统文化的传播，包括中华文明的传播和挖掘，多半都是文化部门、旅游部门主导的。中国功夫、中国饮食是全世界对中国文化的认知，就是通过旅游渠道走出国门的。这几年国内旅游把所有传统各个激活了，包括节庆活动、传统文化、历史文化、村落等都是旅游发展激活的，所以不但要看到旅游的经济作用，更多要看到是旅游的文化作用和社会作用。

这点来讲，荻港桑基鱼塘和安仁古镇是很好的实践者，先请徐总介绍一下，你们是如何把根文化、农耕文明通过旅游的载体发扬光大的？你的经验、体会是什么？

徐敏利：湖州桑基鱼塘、荻港古村和荻港渔庄三者之间是怎样建立互存互生关系的？其实之前我只是做了一个农庄，那时候对文化的理解也没有现在这么深刻，只是觉得我们这个农庄是因为鱼桑文化发展起来的。但扩展到桑基鱼塘文化和因这个文化而聚集起来的荻港古村该怎么走下去，我就觉得有些力不从心了，所以后来请了这方面的院士、专家、老师来出点子。他们帮我们做了研学课程。

我们的研学是从夏令营开始的，一边做一边总结自己的短板，直到夏令营被研学取代。研学应该做什么？首选的当然是本土文化。荻港是桑基鱼塘文化，首先是鱼、桑的结合，所以我们在最快时间里成立了湖州鱼桑文化研学院，又邀请北京联合大学、浙江大学和院士专家站的专家来做研学课程，在这个过程中，我们获得了一些触动和想法。后来，我们发动村民一起做，让他们成为我们的"研学人家"。现在，我们的研学是非常受欢迎、非常受认可的。

最近在青田有一个全球性活动，首站原本应该放在青田，但是由于当时粮农组织的专家和南南合作的各国首席官都到我们这里来过，大家一致认为应该先去湖州荻港，所以第一站就改成了湖州荻港。他们跟我们互动、互创，非常开心，到了活动结束的时间了都不愿意回去。我们现在在做的事情是想通过自己的努力，将中国传统的鱼桑文化推向世界，让世界了解中国农耕文化的智慧。

另外，我们也想推动餐饮文化。做餐饮的很多，我们要做成什么样的？荻港渔庄的600多员工都是村里的，他们知道当地什么样的餐饮受欢迎，什么样的餐饮好吃。于是我们做了非遗品牌。这个非遗品牌也很偶然。因为荻港渔庄的鱼桑文化做得小有名气，接着做桑基鱼塘文化餐饮也得到了行业专家的认同。陈果夫先生是荻港村的女婿，那时候正好我们市里外办有一个活动，陈家后人找到我们这里，希望我们帮他们找一个他们家已经失传的菜肴的做法。这个菜肴要追溯到100年前。受这件事的启发，我们就把非遗陈家菜做起来了，把鱼桑文化的餐饮做成了"非遗陈家菜"的品牌。最开始做餐饮，我们只是想把这里的农产品利用起来，更多地销售村民的产品。我们离城市有点远，不这样做，农产品不太好销售。没想到，慢慢变成了市级非遗、省级非遗，现在跟桑基鱼塘文化结合在一起，更是为这个品牌加持了，我们的桑基鱼塘系统为什么能够被评选为全球农业文化遗产，它一定是有文化底蕴的，而且那个文化跟我们的习俗、餐饮文化和村民的意识形态是有关系的。

餐饮品牌就这样形成了，接着我们开始思考要如何让这个餐饮品牌走出去。我们想着在湖州开、在南浔古镇开，在杭州开，还到网上开，线上线下都开，主要的目的不是为餐饮做多少销售额，而是更多地把这个品牌推广出去，把村民的农产品卖出去。因为我们村庄有1000多户，4000多口人，餐饮的初衷就是想把村里的农产品销售出去，现在基本上已经实现了这一初衷。

后来，我们还成立了桑基鱼塘食品有限公司，因为单靠新鲜供货消化不了这么多的农产品，这个食品加工厂可以把剩余的农产品、原材料进行加工，使其更便于储存，可以在淡季的时候使用，于是我们的餐饮就这么出圈了，大家都说荻港非遗陈家菜很好吃。很好吃的背后的原因就是对当地的一种风土人情的呈现，选用的食材都是当地地道的东西。

再讲到文化。我们做了14届鱼文化节，是什么样的动力让我们做文化节，强调鱼桑文化？因为一个企业不做文化等于没有生命，因为文化的积累是无法模仿、无法复制的，所以这个鱼桑文化一直做到现在。我们通过到浙江省美术馆去办展览，当时乡村到美术馆办展览很少，更不用说是鱼桑文化展，美术馆特别配合，说："你们村里来办个展览很不容易，你可以在我们馆里敲锣打鼓，挂你自己喜欢的东西。"当时浙江省的官员也来参加，给了我们很大的信心。之后，我们计划到韩国、日本去办鱼桑文化展。

每年的鱼文化节光服装就要准备1000多套，有几万人来参加，维护秩序的民警达300多人，而且每一届文化节中央电视台都来直播。

张辉：徐总介绍了荻港桑基鱼塘的发展过程，我觉得非常好。荻港桑基鱼塘通过旅游和农耕文化的融合，创造了很多业态和业务形态。

旅游和文化深度融合以后，必然会出现一种现象：旅游要素开始独立化。旅游没有融合前，我们把吃、住、行、游、购、娱六个要素组合在一起。一旦旅游和相关的产业融合，马上就会有一个独立化的过程——吃、住、行、游、购、娱开始独立化。这一现象在近十年表现得非常明显。独立化以后，围绕某个要素形成了完整的产业群体，一个业务体系或者业态体系。

刚才徐总说的就是这样一个趋势。旅游要素一融合、一分离以后，就会出现新的内容。为什么旅游要素在中国能深度分离呢？关键在于中国有深厚的文化积淀。荻港桑基鱼塘的餐饮文化，正是因为有深厚的农耕文化做铺垫，同时也有厚重的中国文明做铺垫。

魏小安：我不赞成你这个观点。为什么呢？第一，要浅显，才能好玩。我们评价中国文化不能过头。讲旅游文化、文旅融合，不必追求深刻，应该是浅显不浅薄。旅游追求好玩、玩好，追求时尚、快乐。实际上，现在吸引客人的是传统文化、当代文化，是一种时尚文化。

第一次去荻港渔庄，我的第一印象：这不就是农家乐吗？！再往里走，发现竟然还有民宿！这是第二印象。后来看到了桑基鱼塘，我被打动了。桑基鱼塘的文化就是天人合一的文化，就是我们祖先世世代代传承下来的文化，是一个完整的生态系统。但是这里没有那么深奥，也没有那么深刻，可是我们看桑基鱼塘会有一种深深的感悟。

第二，要精品。无论是陈妙林总，还是国平总和向宏总，打造的无一不是精品，正是因为精品才能成为经典。什么是经典？百看不厌才叫经典。如果我们只停留在中国文化博大精深，深厚、厚重，是吸引不了游客的。所以我们可以理解文化、把握文化，但是更重要的是怎样让它时尚化、世俗化，让它成为老百姓喜闻乐见的东西，这才是我们干的活，要不然我们变成文化专家了。

张辉：我们再请杜局长说一说。

杜一力：首先对小安表示一下赞同，同时我来点小修正。我觉得五千年的文化深厚是不争的事实，也是我们的富矿。人们感觉到累，不是文化之累，而是还没有找到正确的呈现方式。呈现需要技巧，需要创意，还需要文化，需要再次发现发明。像桑基鱼塘文化，内涵深厚，但并不是教科书上的文字，而是身入其中，去感受得出的结论。

魏小安：深厚，我赞成。

很多时候做旅游产品被认为浅薄，但是如果你没有深厚的文化支撑，就做不好这个"浅薄"。搞了这么多年文旅融合，口号很明确，要以文塑旅，要有灵魂，但从文化内涵深厚到产品有趣，有太多的难题需要解决，并不容易。

杜一力：我们对中国文化有热爱，对旅游业也有热爱，那么文化和旅游到底是什么关系？如果旅游产品不好玩，谁花钱？如果旅游产品的基调是娱乐化，确实有浅薄倾向，我们认同和推荐的，都是那种既好玩，又有文化的东西，这才叫"精品"。能做"精品"的旅游人，就是文化的传承人和创造人。"中国服务"推荐的都是精品。

对文化的理解不能概念化，更不是教科书停留在文本中的文化。原文化部部长王蒙有名言"生活就是文化"。桑基鱼塘文化，是农业文明生态生产生活的代表形态，反映中国农民的生活哲学。鱼桑文化的餐饮也是从这种形态中生长出的一种生活技巧和艺术。追溯它的形成背景，就肯定能寻到与它相关的文化内涵。但是也不需要每次都去"追溯"，餐饮的核心是好吃。文化是一个层次很丰富的东西，旅游主要是去激发人的感受。

好玩的产品不一定没有文化，同时深厚的文化也并不一定不好玩。尼山圣境是这次的八大案例之一，现在的体验方式是在朝圣的同时，可以体验一段身临其境的"明礼生活"。儒学文化的生活化，在生活起居之间，在研习"六艺"之时。古人很讲究把人际关系、天人关系、社会伦理都融入在日常生活中，好玩的同时你也体验到了古人的品位，中国人的高雅。

旅游发展到今天，有各种融合，但最终的指向还是文化。所以我们才提出文化的生活化、生活的文化化，旅游精品就是这种文化生活的体验。陈向宏总能创造那种有文化的日常生活，他的作品就是都市人群的生活理想。旅游人做文化旅游融合，把一个高深的东西、深刻的东西和最能唤起人的情感情思的形式结合起来，这是高级。这是文旅人对社会、对经济、对文化的贡献方式。

张辉：接下来想请徐总来介绍一下，安仁古镇是如何挖掘中国文化和中国文明，并且和时代结合在一起，把这种厚重的文化怎么变得好玩的？

徐靖辉：安仁古镇作为唯一的中国博物馆小镇和成都第二家国家5A级旅游景区，我们突出博物馆核心IP，探索"博物馆+"文旅融合新消费场景打造，以世界博物馆小镇目标定位作为我们的整体发展方向。

安仁古镇交通区位优势明显，距成都市主城区39公里，距双流国际机场36公里，距天府国际机场88公里，距大邑县城8.5公里、成雅高铁大邑站8公里，处于川西旅游环线的黄金位置。就整体区位和交通通达性来说，安仁古镇的整体区位优势非常明显，古镇作为开放式景区也是四通八达，从各个方向到达古镇都是非常快捷。除此之外，进出古镇也很方便。

但是，我们一直在思考，除了刘氏庄园博物馆群落、建川博物馆群落之外，还可以有什么消费场景让游客停留下来、慢下来？经过20余年的文化旅游融合发展，我们在挖掘公馆和在地文化的基础上，不断突出博物馆核心IP，特别是近年来根据安仁古镇的发展实践，充分依托自身文化资源本底，挖掘自身文化特色，根据旅游的吃、住、行、游、购、娱六要素的需求，打造可参与、可深度体验的文旅融合新消费场景，即"博物馆+文化体验"新消费场景。例如我们坚持把历史文化保护传承与产业发展有机结合，大力实施"公馆活化"工程，推动博物馆从"陈列展示"向"文化体验"转型。

实施"博物馆+实境演艺+旅游消费体验"，打造全国首个公馆沉浸式实境演艺《今时今日安仁》，以及《川·乐（YUE）安仁》公馆实景秀等演艺消费体验博物馆综合体。实施"博物馆+文创+

生活美学+旅游消费体验"，打造全国首个可以住的书屋——方知书房，融合了茶道文化、餐饮文化的"杨薇的茶"等生活美学体验博物馆综合体。实施"博物馆+展示交流空间+旅游消费体验"，打造华公馆首个公馆式精品博物馆、《国家宝藏》首个线下体验馆文博展示交流体验综合体。实施"博物馆+非遗文创+旅游研学消费体验"，打造国家非遗竹编、国家非遗油纸伞体验综合体。同时，我们结合沉浸式实景演艺，推出了以演艺剧本为基础的全国首个沉浸式剧本杀戏剧游戏，融入了威士忌博物馆、红酒博物馆消费体验等，尝试了"博物馆+民宿"、"博物馆+餐饮"、"博物馆+会议会展"等多种主题化新型文旅融合消费场景。

安仁古镇中国博物馆小镇最突出的博物馆就是建川博物馆聚落，它是一座博物馆，也是一群博物馆。法人单位上它是一个博物馆，内容上来说它又是一群博物馆，因为它从2005年到现在已经建成开放了34座场馆。它也是最好玩的博物馆，既是博物馆也是公园，分为抗战、民俗、红色年代、抗震救灾等多个主题，有全世界最大的红灯笼建筑的建川综合馆，每一座场馆都是世界著名建筑设计大师设计，不进馆不收费，拥有藏品1000余万件，其中国家珍贵文物4790件，是全国最大的民间博物馆聚落，也是国家一级博物馆，目前已经成为党史教育和学生研学的极佳去处，开创了文博事业民企投资的新模式和文化产业的新领域，成为全国文化产业的一面旗帜。

张辉：魏司，您去过他那儿吗？

魏小安：我去过4次安仁古镇，安仁古镇有两方面组成。一方面是博物馆群，一方面是古镇。没有博物馆群，安仁古镇的根底也很好，也可以做得很出色，有了博物馆群，安仁古镇算是有了灵魂。安仁这几年的变化就是安仁古镇的很多东西挖掘出来、利用起来了，而且和博物馆群结合到一起了，构造一个新的文旅融合的业态。这在全世界都是独一份的。

张辉：谢谢！小安司长对安仁古镇做了很高的评价。

我们第一轮讨论就到这里，现在开始第二轮讨论。

第二轮是一个普遍性和特殊性的问题，或者典型性的问题。文化和旅游的融合，包括以文化为主题的融合，这是一个普遍性的概念，我们也可以看到这样的趋势。但是它的特殊性、典型性在哪里？融合的路径和方式，有些融合得好，发挥出了更多的经济效益、社会效益和文化效益，有些融合得不好。我们在上一场的论坛中也谈过这样的问题，我想问杜局长，您觉得文旅融合的路径到底是什么？

杜一力：条条大路通文化，路径和方式很难一言蔽之。从产业发展的实践过程看，有两个阶段。第一个阶段是从生活中提炼。把一些我们认识到的文化，看得见的文化集中起来，通过一个园区、若干项目来集中展现。这是我们经常说的打造。第二个阶段就是文化生活化。让文化进入寻常百姓家，与人们生活"无间"结合是大途径。这是最近大家对文化的体悟，也是旅游界尤其是做旅游产品的人的认同。生活化让文化活起来，让观光和休闲结合起来，观光和度假成为一体。那些成为案例的产品，都是在途径问题上有创造的。安仁古镇做到了极致。它的极致途径可归纳为两点：第一是聚集，极致的聚集。建川博物馆可谓是中国博物馆的一个奇葩。你说他馆藏了多少国之重器，那倒也不是。他的藏品1000余万件，34个展馆，主要是百姓生活中的寻常物品，集聚了普通人的历史记忆。藏品聚集在一起成为一个时代，每个人在这里都看到了自己的生活痕迹。

第二是整合，高度的整合。建川博物馆落在安仁古镇，博物馆的主体内容是四川蜀地抗战时期的历史。安仁古镇本身具有极其丰富的民国文物遗存，整合者称之为"公馆文化"，原来我们用词是"地主庄园"——刘氏兄弟庄园，刘文彩庄园。从地主庄园延展至今，仍然保留完好的30多个公馆，我们可以看到较少战火毁灭的川蜀地区，曾经是农业发达，工商业鼎盛，城市发育较为完善的社会图景。这个公馆的时代性和建川博物馆所反映的时代相呼应。

条条大路通文化，文化和旅游产品融合成好产品的途径很难总结，没有标准答案。每个资源有不同的打法，你有特殊的路径，才能打造出独特的产品。所以创造创新，才是文旅融合永恒的主题。

魏小安：段会长说"典型要学习但是不能抄，谁要抄就是找死"。同样我们这8个案例谁要抄就是找死。国平总有一句话"复制自己都是抄袭"，所以他做了十七八个项目，每个项目都是创新的。但是我们能学什么呢？真正普遍化的东西是什么？是机遇、模式。这些东西是可以学的，是可以充分借鉴的，内容绝不能抄作业。

另外，市场现象不完全是市场规律，市场规律决定了市场现象，但是有些市场现象却超出了人们的预料。比如说，有些景区项目虽然一年接待游客多少亿，可其平台公司是亏损的，而且景区旁边的商店、餐饮经营都不好，所有人都想不到会这样。因为我们看到的只是人流量。游客都是去打卡的，花钱的不多。所以我们不能把市场现象和市场规律混在一起，只看市场现象，只追求人数流量，很可能也是作死。

所以我们要转换到时间的留量，停留的时间越长，花钱的机会越多，花钱的愿望越强。包括我们景区说强化二次消费，景区主要是一张门票，急匆匆地走，走完了哪有时间消费？只有把客人留下来才有二次消费。

张辉：小安司长说市场现象不等于市场规律，我非常同意这观念。还请两位案例代表每个人用1分钟来谈谈在农文旅融合中的体会。

徐敏利： 一个旅游人在创业过程当中是孤独的，你要受得住这份孤独，每一天都为这个文化品牌和当地的产品做叠加。我们无论是做5个文化馆还是主题书屋、主题酒店，全部的行为都是在为湖州桑基鱼塘系统成为国际品牌加分的，欢迎大家来浙江湖州走一走、看一看，说一万次还不如体验一次。

徐靖辉： 安仁古镇近年来通过文旅新消费场景打造的探索实践，在传承、利用传统文化的基础上，尝试了很多新的发展路径和新业态打造。例如方知书房借鉴了深圳的大鹏所城和江苏的方所文化村，建川博物馆的博物馆综合体打造模式借鉴了四川的西昌、广安等等。在后疫情时代，我们将始终坚持守正创新，探索打造更多文旅融合新消费场景，与全国开放式国家5A级旅游景区和古镇类国家5A级旅游景区一起探索实践更多可复制的样板。

 **开篇语：**

　　安仁古镇物华天宝、人杰地灵，被誉为川西平原上一颗璀璨明珠，建县于唐武德三年，已有1400多年历史。在近代历史上，安仁古镇更是浓缩了川西的百年风云。

　　古镇景区规划面积4.1平方公里，景区核心区3平方公里，地处成都平原西部，距成都市区39公里，距双流国际机场36公里，距天府国际机场88公里，距大邑县城8.5公里、成雅高铁大邑站8公里，拥有全国闻名的重点文物保护单位——刘氏庄园博物馆，全国最大的民间博物馆聚落、国家一级博物馆——建川博物馆聚落，全国规模最大保存完好的中西合璧的公馆群落——公馆老街；拥有保存完好中西合璧的老公馆27座、现代博物馆场馆71座、藏品1000余万件、国家一级文物3678件，被中国博物馆学会评定为唯一的"中国博物馆小镇"。世界旅游组织评价：安仁是旅游者了解近代中国人怎样生活的最佳去处。2022年7月15日，被文化和旅游部评定为国家5A级旅游景区，目前正联动西岭雪山景区建设世界旅游目的地。

安仁古镇
"三个坚持"打造开放式5A级景区典范

　　安仁古镇景区紧扣成都建设践行新发展理念的公园城市示范区，勇担成都市建设世界重要旅游目的地使命，围绕建设"世界博物馆小镇"目标定位，立足自身文化资源禀赋优势，以安仁古镇历史文化名镇保护规划为核心，以党的建设引领景区治理为抓手，以文博资源活化利用为先导，以文旅产业提能升级为主线，围绕"三个坚持"，打造有生态和人文底蕴、有丰富产品和业态、有合理消费布局和游线、有旅游化消费场景布设的开放式国家5A级旅游景区。

古镇先后获评中国历史文化名镇、国家园林城镇、中国博物馆小镇、中国文物保护示范小镇、全国爱国主义教育基地、全国首批特色小镇、全国文化产业示范基地、国家一级博物馆、四川省文旅特色小镇、四川省最美古镇、四川省文明旅游示范单位、四川省首批文化产业示范园区、成都市文创产业园区，被列入全国乡村旅游发展典型案例、四川省全面深化改革典型案例。

一、坚持"三个强化"，锚定世界博物馆小镇发展坐标

一是强化"文化保护"，塑造古镇文化生态。坚持"以文润城擦亮古镇文化品牌"，借助于安仁论坛、文化名镇博览会等节会平台，汇集四川大学、九大美院，中华文化促进会、华侨城集团、曲江文旅等国内顶级文化机构，以及国内和意大利、俄罗斯等海内外知名专家学者组建"安仁智库"，深度挖掘安仁古镇中西合璧建筑、唐朝建县以来的历史文化、保存完好的传统村落资源，梳理古镇整体文化历史、社会经济发展脉络，建立了27座民国公馆、71座现代博物馆场馆、1000余万件馆藏文物，全国重点文物保护单位1处、省级文物保护单位2处、市级文物保护单位8处、33处不可移动文物的资源名册，编制《安仁古镇中国历史文化名镇保护规划》《安仁镇历史建筑历史文化街区保护与利用规划》，确立"修旧如旧、最小干预、完全可逆"开发利用原则，推动国家5A级旅游景区

公馆文化本地基因还原，实现古镇文化功能的保护、文化元素的合理开发和文化品质的整体塑造。

二是强化"空间管控"，优化古镇形态。坚持"跳出安仁、规划安仁"，全面落实中国历史文化名镇、国家特色小镇、国家5A级旅游景区开发保护要求，聘请仲量联行、中国城市规划设计研究院、四川省城乡规划设计研究院、四川省建筑设计规划研究院、四川省旅游规划设计研究院、中国建筑设计西南研究院等知名规划机构，科学编制《安仁镇概念性总体规划》《安仁镇总体规划》《安仁镇控制性详细规划》《安仁古镇旅游总体规划》《安仁古镇国家5A级旅游景区修建性详细规划》《安仁中国文博产业功能区发展总体规划》，构建综合服务区、影视音文创区、民俗文博体验区、林盘庄园休息区等九大功能为支撑的"一脉三核、两带多瓣"的空间结构，统筹生产、生活、生态三大布局，精准划定景区商业、民生教育、医疗服务、公园生态和金融服务等用地，摒弃"浪费式"建设和粗放无序的发展模式，确保有限土地资源开发利用效益和价值最大化。

三是强化"产业布局"，升级古镇业态。坚持"放眼未来定位安仁"，围绕世界博物馆小镇总体建设目标，按照世界旅游目的地建设总体要求，将安仁古镇发展放在国家"一带一路"倡议和四川省"文化强省 旅游强省"世界重要旅游目的地建设、成都市"三城三都"世界重要旅游目的地建设整体发展格局之下，立足安仁独具特色的历史文化底蕴和农业产业化优势，以文博塑品牌，文旅引流量，文创增效益，确立"文化+旅游+新型城镇化"的主导产业发展方向，专项制定"三文"产业扶持政策和产业发展图谱，实施产业导入，对原有工业企业实施"腾笼换凤"，采取土地置换到县经济开发区或货币补偿等方式，腾挪建设用地用于发展展览贸易、餐饮住宿等主导产业，实现城乡人口生活配套精准匹配、5A景区一体化旅游要素高效供给。

二、坚持"三个聚焦"，打造世界级文博旅游产品

一是聚焦"品牌引领"，打造古镇魅力。坚持将公馆底蕴与创意设计、文化消费相融合，引入深圳文化产权交易所、北京视袭时代、北京沃天文谷等头部文化企业，建成安仁华侨城创意文化园、四川影视文创城、康佳之星安仁创新中心等载体平台，大力实施"文博品牌化"战略，打造"国际范、中国味、天府韵、近代范"的创意产品体系。设计以公馆门头为元素的古镇VI系统，推出"猪坚强""安仁君"系列景区特色文创系列100余个。体系化举办具有古镇文化脉络的"一周"（中国网络电影周）、"一节"（穿上旗袍去安仁）、"一展"（安仁双年展）、"一会"（文化名镇博览会）、"一论坛"（安仁论坛）等国际化品牌营销活动，同时，

全力推进建川博物馆全国革命文物收藏交流展、成都国际友城音乐周、安仁FUN歌音乐节等特色活动的举办，实现中国博物馆小镇品牌化运营。

二是聚焦"文博先导"，活化古镇场景。坚持把历史文化保护传承与产业发展有机结合，大力实施"公馆活化"工程，推动博物馆从"陈列展示"向"文化体验"转型。实施"博物馆+实境演艺+旅游消费体验"，打造《今时今日安仁》首个沉浸式实境演艺、《川·乐（YUE）安仁》公馆实景秀等演艺消费体验博物馆综合体。实施"博物馆+文创+生活美学+旅游消费体验"，打造方知书房（安仁独有可输出IP）、安仁书院、杨薇的茶等生活美学体验博物馆综合体。实施"博物馆+展示交流空间+旅游消费体验"，打造华公馆首个公馆式精品博物馆、《国家宝藏》首个线下体验馆文博展示交流体验综合体。实施"博物馆+非遗文创+旅游消费体验"，打造道明竹编、泸州油纸伞、手工扎染非遗文创体验综合体。

三是聚焦"宜居宜游"，完善古镇配套。坚持国际标准、全球视野，主动对接游客多元化、多样化新消费需求，按照"景区化、景观化、可进入、可参与"原则，大力实施"古镇提升"工程，构建高等级旅游景区一体化旅游要素。聚焦基础设施"补短板"，实施14条景区街道基础设施建设及风貌整治改造和安仁坝子等12个景观节点提升，新建3000平方米主游客中心、4个超1万平方米的生态停车场、7个3A级旅游厕所，新增绿化面积15万平方米。聚焦旅游配套"强链条"，完善景区导览系统、休憩设施和旅游交通标识牌设置，提档升级公馆老街文博综合体、锦绣安仁花卉博览园等新消费场景，建成"锦系列""乡系列"精品公馆酒店群和溪地·阿兰若、咏归川、向野而生、小隐、欢喜无厌等5个精品民宿品牌，打造安仁坝子、安仁时光公园等12个文化广场。

三、坚持"三个实施"，打造中国最具生活化原生古镇

一是实施"标准化"管理，提升古镇管理品质。坚持高规格、高标准推进高等级旅游景区打造，成立以县委书记、县长为"双组长"的安仁古镇国家5A级旅游景区创建领导小组，设立统一管理主体安仁古镇旅游发展管理委员会，先后筹集资金35亿元，对标对表细化分解了8大类149项创建工作任务清单，县级各部门、乡镇和商企按照工作方案和创建任务要求，扎实推进软硬件建设。整合城市管理、市场监督、旅游执法、公安交通等力量资源，建立常态化联合执法队伍，纠正处理各类违法经营问题100余例，推动景区规范化、精细化、标准化管理。

二是实施"市场化"运营，提增古镇运营效能。坚持"统一管理、统一运营、统一宣传"三统一，整合公馆老街、刘氏庄园博物馆、建川博物馆三大核心资源，成立统一运营公司大邑邑旅

旅游发展有限公司，建成景区的智慧旅游大数据指挥中心，构建景区实时客流监测、天气环保监测、应急指挥调度等智慧体系，实现信息统一发布、统一指挥调度。建立安仁古镇景区旅游企业标准体系，从基础标准、着装标准、管理标准、服务标准和岗位标准等方面形成一整套的操作规范，有效提升安仁古镇景区的服务精细化水平。加快景区现有闲置国有资产资源，整合景区现有资源和运营管理力量，搭建共创、共建、共治、共享平台，推动景区业态导入、资产运营、旅游服务、品牌塑造，实现景区高效运营。2020—2023年，安仁古镇景区年均接待游客449.53万人次，年均实现门票收入3262.42万元、年均旅游综合收入18.46亿元。

三是实施"网格化"治理，提高古镇服务水平。坚持党建引领景区精细化治理，建立安仁·大邑博物馆特色小镇综合党委，联合城镇街道涉及的红星、仁和、民安三个社区设立街道联合社区，依托综合党委、镇、社三级网格治理体系优势，整合部门、镇、商家和企业资源力量建立景区网格员制度，设立红星社区睦邻、外籍人士服务网点、党群服务及游客咨询中心，组建旅游讲解、论坛服务、外语服务志愿者队伍等志愿者队伍8支，建成运营成都市锦城城乡社区发展治理培训学院和成都市蓉创城乡社区空间美学研究院，常态化开展居民生活培训和景区文明培训100余次，培训人次超过2万人，引导居民对自有空间实施生活化、场景化和美学化改造，新增餐饮、民宿50余家，实现了"绿地变公园、居民变景民、社区变景区"。

在此基础上，以安仁古镇景区为核心，辐射带动周边乡村发展，形成以"城镇化+乡村振兴"的全域发展模式。积极响应党中央对乡村振兴的总体要求，用艺术与创意点亮乡村，有效推动生态价值转化，以"产业共富、生态共享、社区共治"为抓手，构建多元共生的美好乡村生活共同体。

产业共富，以"产品+产业"为抓手，推进"农商文旅体"融合发展。打造了溪地阿兰若、咏归川、向野而生等乡村旅游度假产品，形成小规模旅行带，以绿道连接实现一脉相连。依田依林布局民宿聚落、乡村记忆馆、乡村画廊和小酒馆、自然教室等业态，打造集吃、住、游、娱、教全覆盖的一站式乡村旅游综合体。通过土地流转、务工收入、产业分红、集体分红等方式，帮助本地村民实现多元化增收模式。

生态共享，着力于绿道建设、林盘的保护和提升、原有村舍的改造，推动独具特色川西林盘的修复，并发动村民改造自身房屋，用自有林盘、宅前屋后，运营自己的小文旅项目，从而得到收入的提升、配套的提升、生活品质的提升，以及幸福感的提升。完善市政基础设施，以村道为基础，改造乡村绿道，引入自来水和天然气，提升夜间照明，改善景观形象，用光彩工程点亮美村。

社区共治，建设乡村记忆馆和社区治理中心，作为乡村文化的展览馆，也是南岸美村的规划馆，更是政府、村民和企业共治共享的地方，将政府、村民和企业进行了有效串联。同时建立"政府+企业+村集体"的党建联盟，用多种联合建设方式，紧密联系村民，建立良好邻里关系，以国家5A级旅游景区为纽带，辐射带动全镇从事与文创文博文旅相关产业人员比例达到60.1%，城乡居民人均可支配收入达3.9万元、2.7万元，同比增长12.9%、11.1%。

开篇语：

湖州荻港渔庄将传统桑基鱼塘文化与现代旅游业相结合，具有较高的引领性、示范性和体验性。湖州桑基鱼塘系统历史悠久，以蚕桑业和鱼塘养殖业形成的生态循环模式是极具文化内涵的象征。荻港渔庄围绕湖州桑基鱼塘系统传承和创新发展，从一个农家乐做起，为推动桑基鱼塘系统成为全球重要农业文化遗产做出了重要贡献。20年来，荻港渔庄坚持保护、传承、利用、宣传桑基鱼塘文化，通过鱼桑专家的保护开发、文化专家的挖掘传承、旅游专家的拓展推广，充分发挥湖州桑基鱼塘系统原住民优势，在荻港渔庄演绎出文旅融合蓝图。不但解决了村庄600多人的就业，还带动了旅游业的发展。

获港渔庄

根植全球农遗，农文旅深度融合致力共同富裕

　　获港渔庄坐落于中国历史文化名村湖州市南浔区和孚镇获港村，是全球重要农业文化遗产——"湖州桑基鱼塘系统"核心保护区的所在地，是集非遗餐饮（浙江省非物质文化遗产陈家菜）、休闲度假、生态农业、文化创意、科技研发、研学实践等为一体的综合型农文旅融合企业。公司自2005年创始以来，一直秉承"保护桑基鱼塘品牌，传承千年鱼文化"的主题，20年来坚持做一件事——保护、传承、利用、宣传桑基鱼塘，产业链已横跨一二三产。先后获得了120多项荣誉，其中2项国际级的荣誉，20多项国家级荣誉，是浙江省内著名的乡村文旅企业和省级农业龙头企业。公司创始人

湖州荻港徐缘生态旅游开发有限公司董事长徐敏利，也从一名普通的养鱼姑娘成长为全国乡村旅游带头人。

一、身体力行申遗，做全球农遗的守护者

"桑基鱼塘"的历史可以追溯到春秋战国时期，距今已有2500多年历史。浙江湖州桑基鱼塘系统是一个生态循环养殖系统"塘基种桑、桑叶喂蚕、蚕沙喂鱼、鱼粪肥塘、塘泥雍桑"，1992年被联合国教科文组织誉为"世间少有美景、良性循环典范"。湖州先民向世界提供了洼地开发利用、生态循环发展的中国模式，成就了湖州"丝绸之府，鱼米之乡"的灿烂辉煌的历史。

荻港渔庄所在的荻港村傍依世界文化遗产京杭大运河畔，拥有全球重要农业文化遗产——浙江湖州桑基鱼塘系统，是全国为数不多的"双遗产村"。受"桑基鱼塘"的恩泽，荻港村民种桑养鱼，生活富裕，也孕育了世代耕读的良好民风，历史上曾出过50多位进士和2位状元。改革开放以来，荻港人勤劳善学，民营经济一直走在湖州的前列。

渔庄创始人徐敏利是荻港土产土长的渔家妹子，从小就以荻港文化为傲。2000年左右中国乡村旅游兴起时，也在徐敏利的心中萌发出走乡村旅游发展的路子，传承和弘扬湖州"桑基鱼塘"的优秀文化的想法。荻港渔庄以建设特色农庄起步，紧紧围绕"桑基鱼

塘"主题做文章，同时倡议发起了"湖州桑基鱼塘"的申遗工作，政协提案、收集资料、宣传，奔走于政府、专家等各个层面，推动各界支持"桑基鱼塘"申报全球重要农业文化遗产。

2018年4月19日，湖州获港徐缘生态旅游开发有限公司作为保护和传承桑基鱼塘文化的唯一一家农业文化企业，与湖州市政府领导一起前往意大利罗马，共同见证全球重要农业文化遗产——浙江湖州桑基鱼塘申报成功这一历史时刻，为湖州捧回一张世界级"金名片"。

申遗成功后，为更好地宣传桑基鱼塘，获港渔庄先后承办了浙江省农博会湖州鱼桑文化展览、义乌全国文博会湖州鱼桑文化展览、北京世园会浙江馆湖州日的桑基鱼塘主题展等知名展会，同时还参加了韩国、日本等地举办的东亚地区农业文化遗产大会，大会期间还举办了"鱼桑万代"等桑基鱼塘主题书画展。至今，获港渔庄已保存鱼桑文化作品一千多件，编撰鱼桑文化书籍10余本。2019年，全球首个以农业文化遗产为主题的书屋"积川书塾"在获港渔庄成立，书塾将打造成为国内外农业文化遗产研究成果库、宣传资料库、信息库和杰出研究者的档案库。

2019年4月，获港渔庄创办了湖州鱼桑文化研究院，建成了世界上唯一的湖州桑基鱼塘访问中心，还设立了国内首个农业文化遗产保护的院士专家工作站。目前，获港渔庄已建立了3个"院士专家工作站"，和浙江大学、浙江省农科院、上海海洋大学、湖州师范学院等高校开展产学研合作，共建科研团队，进一步深化"浙江湖州桑基鱼塘系统"的活化利用。

获港渔庄围绕鱼和桑展开了一系列工作，从传承鱼桑文化到蚕桑综合利用再到鱼桑产业的发展，不但企业自身取得了良好的发展，更促进"湖州桑基鱼塘系统"历史风貌和文化得到了更好的保护，为持续发展和利用全球重要农业遗产营造了良好的社会环境。

二、农文旅深度融合，做全球农遗的弘扬者

为推动当地农业高质量发展，获港渔庄发起成立了湖州市桑基鱼塘产业协会，以生态高效渔业养殖为基础，带领村民们开发古法生态养殖，培育了生态味美的传统家鱼品种。2019年12月，"湖州桑基塘鱼"被农业农村部列入国家农产品地理标志登记保护产品。获港渔庄成立的阿大湖桑茶专业合作社，牵头研制传统保健桑茶，制定了浙江省级湖桑茶地方标准，"湖桑茶"获得了3项国家专利。

除此之外，获港渔庄还成立了湖州南浔渔达果蔬专业合作社，带头引进农业种植的新品种和新技术，推广无公害农产品的种植，品种涉及30多个种类；成立了湖州桑基鱼塘食品有限公司，利用桑基鱼塘系统内丰富的淡水鱼和蚕桑资源，深度开发淡水鱼制品和桑

叶系列产品。获港渔庄申报的"桑基鱼塘系统保护与多元发展技术集成与产业化应用项目"荣获了2021年度浙江省农业丰收一等奖。

为进一步做好桑基鱼塘系统的文化传承工作，获港渔庄专门成立了湖州鱼桑文化研学院，在当地培养了一支由村民组成的100多人的研学导师团队，研学院聘请了农业农村部全球重要农业文化遗产专家委员会主任委员、中科院地理研究所研究员闵庆文为研学院总顾问，研学工作不仅得到院士专家工作站专家团队的支持，还有北京联合大学、浙江大学、湖州师范学院、湖州市文化馆、湖州市博物馆、湖州市少年宫等单位专家教授共同参与关于研学的各项工作。研学院还聘请了非遗传承人亲自为学生进行辅导，有非遗湖笔、非遗辑里湖丝、非遗获港陈家菜等，让学生与非遗传人面对面交流，手把手体验非遗文化。

围绕湖州桑基鱼塘历史人文和鱼桑农耕习俗和桑基鱼塘系统的生物多样性，获港渔庄先后开发了探鱼源、捕鱼乐、品鱼味、画鱼情、读鱼诗、拜鱼神等40多门研学课程，出版了《浙江湖州桑基鱼塘系统》《鱼桑文化研学课程新释》《桑陌问道》《笔道鱼情》等文化刊物，还运用网络平台进行鱼桑文化的研学传播，开设传统鱼桑文化与现代科普相结合的生物多样性课程和3D打印研学课程，开发蚕茧艺术灯、蚕茧链、鱼桑福娃、鱼桑万代系列文创产品，积极倡导"用一生情怀、哺万代鱼桑"。

湖州鱼桑文化研学院也因此被评为"浙江省中小学生研学实践教育营地""浙江省中小学劳动实践基地""江南文化探源研学旅行产品发布中心""中国报业小记者研学湖州基地""中国华侨国际文化交流基地""全国首批农耕文化实践营地"等20多项荣誉称号。近年来，研学院吸引了全国来自浙江、上海、江苏、北京、天津、香港、澳门、台湾等地的众多学生团队前来研学。湖州鱼桑文化研学院成立至今，共接待了数百个团队，数十万名学生。

获港渔庄还成立了湖州获港文化传媒有限公司，组建了获港鱼桑文化艺术团，成员来自获港土生土长的村民，已成功举办了15届鱼文化节，吸引了众多游客与获港村民一起唱鱼歌、跳鱼舞、拜鱼神、烧鱼汤饭。获港渔庄以弘扬鱼桑文化为己任，利用各种平台宣传展示全球重要农业文化遗产——桑基鱼塘这张金名片，在鱼文化节现场展示获港的非遗、大锅鱼汤饭、百余种获港村美食、桑陌美食、湖桑茶、鱼桑文创产品、鱼桑文化民俗表演等。每届鱼文化节都得到了中央电视台的直播，充分展示了"湖州桑基鱼塘系统"的魅力。获港渔庄已逐渐成为全球重要农业文化遗产——浙江湖州桑基鱼塘系统的"宣传大使"。

为推动当地旅游业发展，获港渔庄本部围绕鱼桑文化主题，不断投入建设，先后建成了笔道艺术馆、丝绸馆、禅茶馆、桑基鱼塘历史文化馆、积川书塾等文化馆群，从一家农家乐发展成为占地

700亩，拥有3000个餐位的大型餐饮区，15个会议室的会议中心，标房、套房、别墅等250多间客房，集非遗餐饮（非物质文化遗产陈家菜）、特色民宿、文化展示、婚宴会务、农业休闲于一体的全球农业遗产主题度假村。在湖州、杭州等地还开设了以桑基鱼塘农业文化遗产为主题的连锁酒店和餐馆，在湖州市13个市场开设了有关鱼桑食品和非遗陈家菜的美食连锁门市。作为获港旅游的带头人，渔庄目前正积极将获港村打造成为鱼桑耕读文化的研学村，以获港渔庄为鱼桑文化研学基地，创新研发了"鱼桑研学人家"研学项目，目前已发动近200户村民成为"研学人家"，又编制"江南文化探源研学旅行——研学人家"服务规范，让村民共同参与到获港的文化研学和旅游发展中。

三、"企业＋村民"同心同力，做共同富裕的实践者

一是与村民同起步。从2005年在一片荒地上开始谋划建设获港渔庄起始，获港渔庄一直坚持与村民共同商议，致力于弘扬地方传统文化，促进当地发展，得到了村民的大力支持，在土地流转上积极配合，在员工招收培训上踊跃报名。村委更是全力支持，主动协调建设工程中的各种难题。在渔庄发展的过程中，公司与村民始终保持着心手相连一家亲的良好关系。获港渔庄现有正式员工基本上都是本村村民，十几年前还只是面朝黄土背朝天的农民，工资大

约只有2600元每月，现在则在渔庄的带领下，通过不断的学习和锻炼，组建一支由村民组成的专业化的运营管理团队，管理者的年薪已增加了3至5倍，村民的能力和效益得到了提升，乡村文明素质得到了改善，乡村发展的造血功能已经具备。

二是与村民共进步。荻港渔庄以湖州荻港徐缘生态旅游开发有限公司为依托，通过公司招录村民员工，牵头成立各种生产合作社，带动了当地近600多名村民就业增收，节假日和节庆活动聘用临时工还覆盖了周边乡村的剩余劳动力。20年来累计发放工资近5亿元，近几年每年为当地村民发放3000多万元工资。通过与5个专业合作社、3个家庭农场签订的农产品收购协议，建立的共富收购站等模式，采购当地村民的农产品，解决了当地近1500户农户的农产品销售渠道，带动每家农户每年增收近2万元。还开通了"水晶晶南浔"共享直播间，为村民提供网络销售和直播服务，帮助村民拓宽农产品销售渠道。

三是关爱困难村民。荻港渔庄牵头成立了慈善互助公社，帮扶荻港村孤寡老人和困难家庭，每年给村里的22户低收入农户发放1600元的救助金。对其中4户具有一定劳动能力的，公司也尽可能提供工作岗位。

下一步，荻港渔庄将通过整体运营荻港古村，进一步挖掘荻港的历史文化和风土人情，研究转化利用文旅产品和项目，指导帮助村民经营民宿、商铺和研学体验项目，让村民进一步参与到获港村文化旅游发展中来。同时积极开拓网络配送市场，把更多获港村及周边村民的优质农产品销售到长三角各大城市。渔庄将加大宣传营销力度，拉动获港村的人气，将获港村打造成"世界双遗产文化旅游目的地"。

高端对话

开篇语：

　　文旅融合，是新时代旅游业界必须追求的目标；但文旅融合也必须落地为一个实实在在的市场化行为。文旅融合，就是创新，如何将文化和时代结合，变成时代所需要的文旅产品或者大家所期待的消费场景，这是我们的时代性。无论是乌村乡村微度假目的地，还是尼山圣境，都是从旅游市场出发，结合在地文化，打造出市场化的旅游产品，并获得了市场的认可。

　　嘉宾：

　　陈向宏　中国旅游协会副会长、顶度集团有限公司董事长、乌镇旅游创始人

　　吴国平　中国旅游协会副监事长、无锡灵山文化旅游集团有限公司战略规划委员会主席、无锡拈花湾文化投资发展有限公司董事长

　　主持人：

　　葛　磊　中国旅游协会旅游营销分会副会长

葛磊： 坐在我身边的陈向宏和吴国平，是中国旅游行业公认的"大师"。陈向宏的乌江寨，曾经获得过"中国服务"·旅游产品创意案例的推介，今年又有新项目乌村。吴国平总的拈花湾也获得过推介，今年又带来了尼山圣境。我们第一个话题先从作品谈起。

先请问陈总，乌镇是我们旅游行业的传奇，而乌村是过去十年在乌镇的基底上慢慢延伸出来的一个"小而美"的新作品。从总设计师的角度，您认为乌村的创新之处在哪里？

陈向宏： 乌村其实是我的一个无心之作。我对行业里日渐火热的农家乐是抱有抗拒态度的，虽然农家乐确实可以作为旅游产品的基本形式。游客去农家乐是希望能吃到有特色的农家土菜。也许当没有农家乐时，游客可以吃到各家完全不一样的土菜，但是有了农家乐后，游客吃到的是套路化的土菜，且各种农家乐随意排污，卫生堪忧，"符号化"严重，这种服务的水准和产品的内容无法满足我们对乡土文化和乡愁的理解与向往。

传统的江南文化分稻基文化与桑基文化，乌村是桑基文化。乌村的创新是"一价全包"产品的尝试，十多年前我就对地中海俱乐部（Club Med）特别感兴趣，我带着集团高管团队几乎体验了东南亚所有地中海俱乐部产品。我认为"一价全包"很好地诠释了城市人群的旅游产品需求，所以当时就确定乌村要做"一价全包"的产品。做旅游习惯的是卖门票、卖酒店，我们现在是要卖活动、卖天数。乌村其实是一个老产品，2014年建设，2015年开放，总投入约2亿元。当时在乌镇旁有一块政府已征的450亩土地，我们基本保留了原有建筑（有70年代知青建的房子、也有农民建的房子）的可读性，对这批房子进行了改造。为什么大家去乌村都觉得很漂亮？因为我们拒绝了城市景观与设计景观，中国的乡村景观最为漂亮，我们做的是梳理和减法。我对目前新农村建设中的一些做法是持有反对态度的。为什么一定要把一个很美的农村用公园景观或酒店景观，甚至主题乐园景观的思路加以改造呢？为什么要把无法实现的事情都画上墙呢？我们乌村保留了农村的质朴。

乌村有一个很好的产品——"一小时蔬菜"。乌村的地里一年四季都种满了各种应季蔬菜，这两天霜打后的矮脚青菜特别甜，游客去乌村可以在地里摘菜，摘完后可以亲手烹饪，也可以请乌村的厨师烹饪，从摘下蔬菜到上至餐桌用时不到1小时，这类最本真的产品形成了我们的卖点。乌村代表了我们对乡土旅游产品题材或农家乐题材的尝试与创新。

葛磊：感谢陈总。我去乌村的时候，拍了一张小黑板的照片，上边有很多供游客选择的体验活动，乌村的住宿并不是最极致的，景观也不是最极致的，但是住在乌村你可以根据自己的时间表参与喜欢的活动，可以去池塘捉鱼，可以去放风筝，可以在这里参与很多只能在乡村感受到的乡土生活，我觉得这是真正能够适合现代家庭的新型农村生活体验需求的产品。

文化和旅游的融合已成趋势，旅游是载体，文化是灵魂，吴总的手上有两个文化符号：一个是佛教文化符号，由此有了"灵山胜境"。一个是儒家文化符号，于是有了今天推介的"尼山圣境"。从灵山胜境走到尼山圣境，吴总是怎样解读这个产品的创新的呢？

吴国平：2009年，山东省的领导专门到无锡看了梵宫，然后邀请我们去孔子的诞生地——曲阜尼山看看。于是当年我们去了尼山。看了以后，我们很有感触。作为一个中国人，应该把这块土地上的文化传承下来。从2009年第一次去，到2018年正式对外开放，我们干了八九年时间，终于把鲁西南的一片荒芜之地变成了现在蔚为大观的尼山圣境。

其实，最开始的时候我们是很担心，怎么把中国文化中最厚重的代表转换成旅游的产品？这是一个非常大的挑战。当时我们就坚信几点：

第一，孔子是中国文化中最重要的代表人物，也和柏拉图、释迦牟尼、耶稣一起被称为轴心时代的代表人物，他不仅在中国，在世界上也有影响力。如何在他的诞生地，把这样一个伟大的思想家、教育家所代表的文化真正能够做一个当代的精品、未来的文化遗产？我们还是传承了灵山人的精神：一定要做作品，要做精品。现在去看尼山的孔子像、大学堂、大讲堂，应该说是当代的精品、未来的文化遗产，100年以后应该是会成为文物的，这是我们对这个项目的定位和信心。

第二，一定要把厚重的文化深入浅出地转换成当代人生活的状态。所以现在尼山圣境分了两部分，一部分是现在已经对外开放的，另一部分是即将要开放的鲁源村。其实样板已经做好了。尼山圣境把当代精品的概念做到了极致，鲁源村是要把明礼生活方式做到极致。

大家去尼山圣境，一定要看七十二贤廊。这条七十二贤廊，把文化、艺术、科技、中国传统的艺术融合在一起，创造了一条历史的长廊，把文化变成了一个美轮美奂的场景。这里的雕塑，开始大家都认为要用最好的青铜，做最好的雕塑，要请大师来做。最后我们改变了主意，认为应该用中国的艺术方式，于是选择了山西的泥塑。七十二圣贤，就是孔子的七十二个弟子，每个雕塑都以《论语》和其他儒家经典为主要素材，提取百姓耳熟能详的成语故事，这个成语故事既有意义，又非常风趣。所以山西泥塑在这个长廊里面不仅体现出来中国文化的自信，而且美轮美奂，所有人去了以后都会感觉到震撼。同时我们把"仁、义、礼、智、信"5个字转换成了5个厅，不同的颜色有不同的寓意，大家在那里不会听到各种大道理，但是会体悟到中国文化对每个人的影响。

过去的孔子像，都是按照吴道子画的孔子像做参考的，两颗牙齿是爆出来的。但是我们提出来了可亲可敬的孔子形象，他就是一位长者，同时是一位最伟大的老师。这个雕塑被雕塑家修改了几十次，才成为一尊大家比较认可的孔子像。

鲁源村主打的就是明礼生活方式，把大道理变成老百姓都能够听得懂，而且能受教化的一些东西，比如说样板段做了明礼生活方式的第一个"礼"——谦让。具体做什么呢？专家们开始讲了很多大道理，比如《论语》里面的内容。我说不要弄这些高深东西，就用"三尺巷"的故事，两家人家为什么会为了一块三尺的地方争吵，最终大家让了三尺，使这条巷子变成了六尺，阐述了"让他三尺又何妨"。曲阜济宁的话剧团用NPC的方式演绎，年轻人看了以后非常喜欢，这个故事大家一看就知道原来"礼"是这样表达的，"礼"和生活很贴近。

所以通过这样的方式，同时运用很多现代的科技手段特别是孔子的NPC，让孔子走到了学生、游客中间，子贡走到了游客中，在课堂上深入浅出地给大家讲中国文化。这样就能把深奥、深厚的文化转换成作品、精品，同时转换成人们的生活方式，使我们的年轻一代了解中国文化，同时对他们有所帮助。谢谢！

葛磊： 感谢吴国平总！您有一句名言：文旅就是要打造当代的精品、未来的遗产。对这两大文化IP，您讲到了两点：第一，要有足够强烈的精神震撼性，到这里来就油然而生一种心灵朝圣的感觉。第二，要让深厚的文化深入浅出、可亲可敬，读得懂、可体验，真正地入脑入心。我觉得这就是文旅人的思维，既要坚持文化的精神海拔，又要通过旅游的方式融入我们的琐细生活。如果说两位大师有什么共性的话，应该就是我们今天大会的主题"创新"。我记得陈总说过"乌村的成功，一是创新，二是实干"。吴国平总说过"不创新，不出作；不疯魔，不成活"。

我们的第二个话题来聊一聊如何创新以及持续性地创新。陈总讲过很多次乌镇的方法论，从观光小镇、度假小镇到会展小镇、文化小镇实现了不断迭代的创新路径。但是我知道近些年您在全国各地又打造了很多不同的文旅精品项目，包括乌江寨项目、濮院时尚古镇项目等，能不能分享一下您的创新心法？

陈向宏： 11月28日，我受邀以《文旅融合的功课》为题，为湖南广播影视集团授课，什么是文旅融合？作为旅游人，从事旅游20多年，我认为文旅融合的文化是一种应用性的文化，文旅融合就是旅游借助文化及其新的体验创造新的消费。文旅融合要倡导情绪价值。以前观光旅游时代，各类名川大山等不同的景观给游客以心灵上的震撼，而文化是另一种语境下与游客的互动，但这种互动要能产生效益。为什么前一阶段中国有很多文旅项目都成为"半拉子"工程？很重要的原因是可能领导叫好、专家叫好，宣传也叫好，但是市场不叫好。我们不能教条化、概念化，文旅融合的文化不是一种强行的角色设定，不能仅从宣传上强调某地有何种文化，而是要让每一位到访者感受到在地文化。比如不能因为某地有一种风物或产业，就用这种符号命名小镇，仿佛游客来就能感受到地域独特又鲜活的文化，并非如此。其底层逻辑就是生活，"诗和远方"，"远方"代表一种异质的生活方式，"诗"代表在这种异质的生活方式中的文化含量。如何打动游客？我认为要创造"旅游+餐饮"、"旅游+活动"等形式。

创新最重要的是什么？是人才，是有创意、能落地的人才。第一，创意要能形成产品；第二，创意要能产生效益；第三，创意要能被管理模式所覆盖。从开发时间来看，乌镇要晚于西塘、周庄、南浔等江南古镇，但是乌镇2023年前三季度营收超16亿元。为什么？乌镇今年下半年活动不断，除了乌镇戏剧节、世界互联网大会，还有茅盾文学周活动。通过做这些活动，我们不断丰富乌镇内涵、唤醒乌镇文化，为游客提供了更好的文化体验，同时也提高了景区的复游率与经济效益。

总结两点：第一，文旅融合是我们必须要追求的目标；第二，文旅融合需要变成一个实实在在的市场行为。

葛磊：感谢陈总！印象最深刻的就是您提到的"人才"，既要有创意，又要有把创意变成现实的能力，还要能实现可持续的利润，这才是我们旅游行业真正需要的人才。

不疯魔，不成活。吴总一直是站在创新潮头的人，上次中国旅游协会在拈花湾举办的会议上，您谈到了5个"新"——审美的新模式、沉浸的新模式、娱乐的新体验、场景的新生活和社群的新用户，请吴总谈谈您心中的创新是什么样的？

吴国平：过去有一句老话，创新步子迈得太快就是牺牲品，就要牺牲，如果走得慢了就落伍了。所以创新到底抓住什么样的"度"，很重要。

从灵山几十年的发展来看，我们这家企业最重要的法宝就是创意、创新、创造。因为我们做的东西其实都是在"无中生有"。比如，灵山从一棵老树、一段残垣、一口枯井，现在变成了中国乃至世界有名的佛教圣地。尼山原本也是一片荒芜之地，拈花湾原本只是一个湖边上的村庄。它们实际上就是创新的结果。刚刚陈总讲得非常有道理，创新不仅仅要有点子和思路，最终是要把创新的思路变成现实，这个过程是非常痛苦和有难度的。

创新是无中生有，创新也是把文旅融合，把文化和时代结合，变成时代所需要的文旅产品或者大家所期待的消费场景，这也是我们的时代性，也要从创新当中找到这样的源泉。

当然，创新最重要的还是要抓住市场，市场要对你的产品认同。举个例子，灵山当时做了九龙灌浴，是佛教历史上的经典故事，但是真正把它用现代的手段、科技的手段表达出来的，灵山是第一家。灵山的九龙灌浴，是动态音乐喷泉雕塑，把传统故事演绎成很有时代性、很震撼的场景。又比如灵山梵宫，我们当时也没想过要打造成世界佛教永久会址。只是看到埃菲尔铁塔、卢浮宫等，我们就在想：梵宫能不能做成这样的产品？于是就朝着这个方向去构思谋划。最终我们将中国100多个工艺美术大师制作的100多项世界物质文化遗产陈列在梵宫里，形成了经典永流传的佳作。创新是我们的法宝，现在我们在世界各地做的文旅融合的项目比较多，但是每个项目都不能照搬照抄，比如说无锡的拈花湾就不能搬到南京的金陵小城。南京金陵小城的气质和拈花湾的气质又完全不一样，是风雅的文化。

另外，我认为非常重要的一句话就是：创新的根本是创造产品的独特性、唯一性，因为旅游产品现在同质化非常严重，如何通过创新最终使产品有独特的调性、独特的魅力、与众不同的吸引力，这是创新的根本。

葛磊：感谢吴总！两位的创新之论有高度的共识，但也有区别。陈总的创新是营造出一种让人真正可以沉浸的生活场景，最后是归于"生活"两个字。所以无论是在乌江寨少数民族的吊脚楼，在江南水乡，在濮院，还是在古北水镇，都代表着中国多元的文化场景以及沉浸式的生活方式。而吴总强调的是"极致"——一定要有一个有爆发力的景观、震撼性的空间，先给游客带来思想上的强大感染力，然后再去布局书院、酒店和其他旅游业态。说到共性的话，就是两位都非常执着地追求真正的精品，把每一件事情做到极致，只有这样的产品才是难以被超越的。

陈向宏：关于"创新"，我再补充几句。

中国旅游业现在面临最大的问题是什么？是同质化，是产品同质化、景区同质化。同质化背后是什么？是内容同质化。所以创新的起跑线在哪里？在内容上。中国旅游协会每年推介不同的服务案例，其实更多偏重于内容打造产品的举例，在内容下有产品的创新。比如民宿，乌镇是最早做民宿的景区，现在我要求集团景区做的民宿不设置人工登记，住店客人从入住到退房全过程仅用手机与人脸识别即可完成。比如早餐，疫情期间我们提出住店客人无须在酒店内吃早餐，我们把酒店早餐搬到景区内的集市上，做了一个"早茶客"产品，所有住店客人可凭房卡到集市上用早餐，这就带给大家不一样的感受。在内容下也有服务的创新。疫情后乌镇推出了"芯片布草"，我们在所有酒店布草中嵌入芯片，并对入住客人开放二维码，客人通过扫码可以获取布草的生产、洗涤、更换等实时信息。

旅游行业不要抄作业，不要求宏大。我说到文旅最高频的词是"感动"，书面化称为"情绪价值"，有了情绪价值就能引导消费，用什么感动游客呢？除了美好的景色、深厚的人文外，更多的是其感受到的、所有接触到的服务与提供的商业业态。我一直告知员工说"大家可以不专业、可以缺乏某一方面的规范知识，但是一定要真诚、善良"。第十届世界互联网大会结束后，一位宾客告诉我们，他被所有接触到的乌镇员工感动了。大会期间某天早晨他一人跑步到乌村，结果迷了路，询问一旁一位正在清理垃圾筒的阿姨。这位阿姨放下手中的活，不卑不亢、很有礼貌地做了指引，并主动提出若不认识路，可以陪同返回，他说他深受感动，这让我特别自豪。

做旅游，两个指标很重要，一是复游率，二是平均消费，尤其是复游率。如果一个景区复游率能达到一个很高的比例，它就是一个很成功、很高级的景区，它就是一个能让游客惬意舒服的景区。顶度集团的企业文化是"把最大的善意释放给每一位游客"。在乌镇，最初我们给游客提供免费的白开水，后来我们给游客提供免费的茶水。乌镇景区内所有超市的商品价格，所有民宿与餐饮店的菜品价格、分量、原材料都有严格的规定，游客在景区内用餐甚至比景区外更便宜。景区内所有卫生间都干干净净，有些空间大的卫生间有母婴室，甚至有淋浴间。更不用说景区内提供的雨具租借、行李寄存、宠物寄养等服务。旅游更多是要提供一种感动、一种情绪价值，这值得我们旅游人重视。

葛磊： 感谢陈总。陈总的"善"是通过很多细节体现出来的。我知道陈向宏总有个习惯，每次开管理会的时候，会把所有游客的投诉拿出来，然后一件一件去解决，哪个石头松动了、哪个灯泡不亮了，都要根据游客的反馈去改善。所有旅游的标准化其实是解决最基础的质量控制问题，但是旅游真正的个性化、真正的游客黏性永远来自"用心"，来自"善意"。所以刚才陈总说的很多细节恰恰是出于对游客的在意，出于作为旅游人的初心。

吴总在他的很多作品、演讲中都在倡导"美"这个字，一定要打造出美的场景、美的空间、美的器物、美的体验、美的形态。面对这个审美觉醒的时代，您是如何提升美的创造力？

吴国平： 我们做旅游除了硬件要创新做好，恐怕还要踏踏实实把我们的软件——服务做好，就是从感动到心动，到行动，刚刚讲的复购力非常重要。

同时刚刚主持人讲到"美"，其实中国的旅游，从过去的有没有，到好不好，到现在的美不美，这也是人民对美好生活的向往，这就是我们旅游人奋斗的目标。旅游的过程就是欣赏美的过程，不管是自然美景，还是人文景观，都是比例协调，非常美的。木心说过一句话："没有审美力是绝症，知识也救不了。"旅游的人应该是美的发现者、倡导者、践行者，最终呈现出来的是美的作品。

我们做金陵小城的时候就在考虑，如何体现金陵文化之美，同时又要创造出一种独特的调性，于是想到了颜色。现在到金陵小城，特别是到了晚上，是一抹金陵蓝，让你一看就觉得这就是金陵的风雅。我认为这就是从美的角度做产品定位。当时做金陵小城有几句口号：风雅之魂，古都之象，艺术之美，山林之幽，沧桑之韵。六朝博物馆的仕女图特别美，这种美是历史传承下来的，但是到今天如何赋予它时代性？如何让老百姓一看就知道：这就是金陵的美？所以我们选择了金陵蓝，这个蓝也是通过我们多次研究，才调出来的。通过独特的颜色来体现美的神韵。美应该是无处不在，应该体现在每个细节里，要百看不厌，你做到了，人家才能来了还想来，你的产品才有可持续性，一本账才能够打得平。

葛磊：感谢吴总对美的诠释。在过去100多年中，我们严重缺失的一种教育就是审美的教育，而今天我们面临这样一个追求美的时代，也是全民对于美的觉醒和呼唤。

今天听了很多不同的观点，对于旅游市场是喜忧参半的，有人说今年是旅游的大井喷，也有人说旺丁不旺财，旅游的发展似乎越来越具有不确定性，我们要保持对这个市场变化的高度敏感和对未来的预判。所以最后一个小问题，两位对未来的旅游市场的判断和预测是什么样的？

陈向宏：我同吴总一样，景区做得比较多，面临的压力也比较大，我们都在关心、揣摩下一步旅游市场的发展。第一，要对我国经济发展充满信心，要相信我们的经济会越来越好。第二，在企业风险管控上，我是悲观主义者，大家都在说疫情后旅游在报复性反弹，但是我认为并没有达到预期，旅游的天的确变了，"一招鲜，吃遍天"的时代过去了，我们继续穿新鞋走老路是行不通的。消费者的需求变了。旅游市场的细分就是产品的细分，要更加精准地细分旅游消费者的需求，再尽最大可能地满足这种需求，打造出适宜的产品，这是我们接下去要做的功课。

关于文旅融合，国家出台了很多政策，但遗憾的是许多政策还未在企业层面落地。今天借此场合呼吁：要增加文旅项目的资金来源。在前一轮发展中，文旅项目的资金来源主要有两个渠道，一是各级城投公司，现在各城投公司基本处于困境；二是房地产收益，现在房地产行业也不景气。当前这两条路都行不通，而且因为前一轮文旅项目的失败，导致金融系统、风投机构对文旅项目敬而远之，旅游产品更新迭代的源泉在哪里？不投入，没产出。怎么办？未来旅游市场的发展最重要的是要资源下沉、产品下沉，要更加市场化，这样旅游业才有明天。不要用简单的几种模式囊括或者指定旅游行业未来要做什么。我们要考虑在文旅融合下如何创造更多的消费，要靠市场的力量，而不是强调要讲什么概念、做什么模式。

总之，中国旅游最终取决于产品，相信我们的旅游会发展得越来越好。

吴国平：第一，市场越来越大。旅游已经变成老百姓的刚需，是生活中的重要组成部分。2019年GDP统计数字旅游已经占到11%，从宏观上来说，旅游就是刚性需求，是对百姓追求美好生活的体现。

第二，变化越来越大。消费群体的变化、消费需求的变化，我们的产品如何顺应时代、顺应消费者不断变化的要求。

第三，竞争越来越激烈。中国的旅游业是内卷最厉害的行业之一。现在，景区关门的太多了，有很多开门之时即是关门之日，竞争越来越激烈，同质化严重，有的没想明白，几十个亿就"打水漂"了。

第四，要求越来越高。现在的消费者要求不像过去了，过去只要有一张床，现在不是了，要舒适、舒服、个性化。我们如何满足时代的要求、游客的要求。

第五，成功越来越难。他们都说我们两个人是大佬，我说我们虽然目前来说在中国做的项目比较多一点，但也责任更大。现在经常有人请我们去做文旅项目，说信任我们。我一直说，信任就是责任。

今天其实有一个问题没有说：你是怎么看待失败的？从我们做了这么多年的经验来看：第一，不能怕失败。第二，一个项目都不能失败。我们为什么说成功越来越难？从投资、大环境来说，现在做旅游文旅项目是非常不容易的。今天推介的这些文旅融合的案例也是给全国旅游行业非常好的借鉴。让大家思考，在这样的形势下，旅游业如何突破重围，找到自己的真正内生动力。

今年景区基本上是流量大、消费降级，拈花湾也是这样，这种现象的背后是值得深思的，我认为这也是一个需要去研究的问题：为什么成功越来越难？我觉得以后做旅游项目更要三思而后行。

陈向宏： 最后借此机会汇报去年获得推介的"贵州乌江寨国际旅游度假区"服务案例的情况。第一，乌江寨2023年全年实现营业收入25452万元，净利润1793万元，共接待游客量116万人次。第二，乌江寨890名员工中90%是贵州遵义播州区当地人，他们的工资有的达到当地公务员水准，附近村民的房子原来400元/年/间租不出去，现在能租出去且涨到4000元/年/间。

很多人说我很有情怀，现在我最怕"情怀"二字。我们不能放大个人对项目的爱好、偏爱与想象，要永远警惕"看不见的手"，它比我们强大得多。做旅游，要学会面对市场，失败是不可避免的，一个没有失败的行业是不可能有进步的，只有永远保持不忘初心，永远创新、永远尝试，在中国旅游协会的号召下，旅游人要热爱这个行业，不断地积极进取，中国的旅游才有明天。

葛磊：两位老总最后都回答了一个我没有问出来的问题：你们是如何看待失败的？我们可以从中看到：即使是这么成功的企业家，在面对今天的旅游市场依然是如履薄冰。旅游从来没有轻易的成功，而且成功越来越难，所以面对未来的市场，我们要相信未来，未来会好的，但是也要明白未来的市场会越来越复杂，越来越充满不确定性。我们要保持高度创新的敏锐度，保持探索的精神，也要保持试错的勇气和容错的胸怀，更要保持市场化的思维和理性。

最后，再次感谢今天两位老师的对话和分享，希望大家用最热烈的掌声感谢他们今天给我们带来的真知灼见和思想盛宴。

开篇语：

"土地平旷，屋舍俨然，有良田、美池、桑竹之属。阡陌交通，鸡犬相闻。"正是这片水网交织、物产丰饶、烟火诗意的世外桃源美景，深深地吸引了广大游客来到乌村，感受民风淳朴。闻着泥土的气息，聆听运河文化，走进鱼米之乡，在这两省、三府、七县交界的枢纽之地，与村民们共同见证乡村旅游发展的另一种可能。

"久在樊笼里，复得返自然"，随着物质、精神、文化生活水平的不断提高，走进田园，拥抱自然，成为越来越多旅行者返璞归真的选择。信步桑竹之下，泛舟波光粼粼的关河之上，穿梭于菜畦田垄之间，随手摘下的瓜果、蔬菜，都是乌村"1小时蔬菜"的甄选食材。春有枇杷夏有瓜，秋有黄桃冬有柿，一年四季上百种瓜果蔬菜，满足游客的味蕾；倘若小朋友们到乌村，则会很快加入捕鱼、钓虾、采莲、摸螺蛳、捡鸡蛋等活动，为假期增添一抹欢乐的色彩。

乌村乡村微度假目的地
乌镇的村子，亲子的乐园

乌村乡村微度假目的地，位于乌镇西栅历史街区北侧 500 米，紧依京杭大运河，总占地面积450亩，良田肥沃、风光秀美、阡陌交通、鸡犬相闻、宛如当代世外桃源。乌村以江南原乡风情风貌为主题，秉承修旧如旧、保护性开发的理念对原有自然村落进行规划设计，保留了原有民居建筑面积1600平方米，新增房屋建筑面积1800平方米，农业占地23000平方米；配套酒店、餐饮、娱乐、休闲活动、生态农耕等一系列完善的服务设施，是依托于传统村落，围绕江南水乡农耕文化，打造适合现代人休闲旅游的微度假目的地。

一、设计创新：传统原乡风情与现代休闲自然融合

乌村定位于高端乡村旅游度假，以"体验式的精品农庄"为发展理念，在产品与功能上体现原乡风情为特色，结合对内外部设施的现代化升级改造，开发了一系列彰显传统村落风情的高端休闲度假产品，打造沉浸式在地场景文化体验。

乌村在设计建设过程中最大程度地保留了原有村落肌理、文脉，同时兼顾了高端现代化服务设施设备。

乌村以江南原乡风情为主题基调，保留村落原有河湾、小桥、农田、屋舍、池塘等空间肌理结构，不动原有屋舍的一砖一瓦，房屋内部按照精品酒店的高标准，为游客提供了舒适惬意的居住体验。在装修上体现了传统农耕文化主题特色，将村落传统的生活方式和记忆转化成符号加以设计点缀：根据村子原本的产业结构和文化特色，设计了渔家、磨坊、酒巷、竹屋、米仓、桃园等主题的江南水乡民宿，共186间客房，主体氛围、装饰风格各具特色；同时布局了知青年代餐厅、知青咖啡馆、大礼堂、村委会（游客服务中心）、游船码头、酒坊、磨坊、桃园甜品屋、特色小食部等体现原乡记忆的公共空间。这是"旧瓶装新酒"，但一些传统的村落习俗，还是巧妙地保留了下来，如屋舍与桃、林、竹、水塘、菜园、稻田的传统布局依然没变，正是江南水乡世世代代传承的生活体现。

除了保留原有建筑风貌外，乌村新增的建筑设施也处处体现传统原乡风情与现代休闲的自然融合。

稻舍乡村度假酒店是满足日益增长的游客需求的另一力作，也是度假村的重要组成部分。酒店总面积45575平方米，客房352间（套），内设有主题餐厅、邻水无边泳池、阳光图书馆、野鸭主题音乐酒吧、商务会议室等。酒店公共区域打造主题记忆空间，乡野系列家具装饰、柴龙主题照明设施蕴含桑蚕文化，大堂配以藤编扇形舒适沙发，超大落地窗远眺乌村稻田风光，尽享江南田园景致。

稻舍酒店以江南水乡原始田园风格为设计理念，融入稻文化基因，建筑外观以白墙灰瓦为主调，内部装饰以暖色调木构架为主，辅以稻穗、花草、藤竹等点缀。酒店整体设计简约、高雅、温馨又不乏时尚气息，给人回归田园之感。酒店客房分为南舍、北舍，涵盖多种房型，公共空间宽敞明亮，房间内部以浅色调为主，田园水稻元素作为主题背景，营造轻松度假氛围。

乌村有成片的稻田，"麦田餐厅"坐落其中，游客可以一边享用高端美食，一边透过全景玻璃看风吹稻浪，满目金黄，推开餐厅的落地门，便是一座露天的"稻田泳池"，夕阳西下飘来一抹稻香，霞光美景尽收。开阔的河湾平台为游客定期提供演艺、酒吧休闲、帐篷露营等活动，无论是演艺吧的草屋顶，蔷薇餐厅的亭台轩榭，游船码头的木质长廊，还是青墩、乌墩的台坝梯田，都与乌村固有的乡野自然风貌相得益彰。

二、运营创新：一价全包和CCO模式有机结合

乌村作为大乌镇全域旅游的一个创新特色景区，在服务与功

能方面，和乌镇东西栅景区联袂互补，同时在景区运营管理方面也进行了全新的尝试。这种新模式借鉴、升级了国外地中海俱乐部（Club Med）的运营模式。作为国际高端度假村运营者，地中海俱乐部两大特色就是"一价全包"和"G.O.服务"。

乌村管理团队，是一群既有丰富的国际、国内文旅项目操盘管理经验，又朝气蓬勃、活力四射的有志青年。在颠覆传统经营模式，引入国际领先的"一价全包"套餐式体验模式的同时，乌村与在地文化属性完美融合，打造中国首个融合"食住行游购娱"的一站式乡村休闲度假项目。乌村打包食住行和30多项免费体验项目套餐销售，涵盖早、中、晚三餐和夜宵，乌村门票，西栅景区门票，24小时观光车，全天儿童托管，运动，研学，农耕，演绎等多项精彩内容。乌村依托景区得天独厚的资源优势，打造当代世外桃源，游客只需一次消费，即能享受全部服务，省时、省力、省心。

乌村的另一大特色为"CCO"模式（Chief Cultural Officer "热忱的文化传播者"），致力于为游客提供全方位、多维度、一站式高品质的综合服务，提升到访者的旅游体验，释放最大的善意。一岗多能的"CCO"模式集景区接待、导游、运动教练、托管老师、演绎、销售员、摄影老师等多项职能于一身，参与到服务接待、文化宣讲、互动体验、产品销售等各个环节，"CCO"与客人之间牢固的宾客关系友情成为链接度假村与游客的重要桥梁和纽带。

高品质的服务，并不仅局限于一次旅行，还贯穿了旅行者的每一次到访，他们就像"邻家哥哥姐姐"一样，陪伴着孩子们共同成长。当游客步入乌村，第一个接触到的便是"CCO"，孩子们第一个要找的，也是"哥哥姐姐"。他们带领大家第一时间了解村落文化底蕴和最新活动内容，比如几点有活动，哪里有体验，当季最新的美食等，他们会根据游客的时间来安排规划出一个最佳的度假游览攻略。

乌村倡导全员"CCO"，从基层伙伴到高级管理者，都会用不同的方式与游客一起互动交流，做好群体服务的同时也要关注到个体需求，从而在服务的过程中彼此成为朋友。可以说，"CCO"模式成功地拉近了游客与工作人员的距离，成为乌村一举斩获游客青睐、不断复购、实现消费者传播的"创意密码"。

三、产品创新：集"吃住行游购娱"于一体的业态打造

展开乌村游览图，直入眼帘的是一派"水网交织、阡陌交通、鸡犬相闻"的美丽乡村景象。在产品主题上，乌村致力于打造"住在乌村、吃在乌村、玩在乌村"的三在场景。

1.住在乌村

乌村内的民宿根据建筑外立面、周边小景观、文化元素符号等细节，划分为7个民宿组团：磨坊、米仓、竹屋、酒巷等围绕农耕文化精心设计，景观风格迥异，充分考虑到舒适性和文艺范儿的结合。民宿内家具设施选材和风格也非常考究，同时配备了空调系统和暖气双供暖系统，以满足全国各地到访者的舒适体验需求。每个组团前庭、后院，都植入了轻松休闲的社交场景，完美诠释了江南

农耕邻里文化。

稻舍乡村酒店，成为年轻时尚客群的另一种选择，漫步其中，可以感受到江南"半世烟火半世诗"的惬意。酒店内房间明亮舒适，临水而居，亦可饱览田园美景。

值得一提的是，为满足人们高品质住宿需求，乌村住宿方面做出两大创新举措。首先，乌村客房布草全部植入芯片，让每一个环节都可以追溯：布草的材质、送洗时间、清洗地点、高温消毒、熨烫、折叠打包、送回时间、更换时间、柔软度、pH值等信息，轻松扫码，一目了然，让游客住得安心。"智慧床垫"是乌村居住方面的另一创新举措，床垫温度可调节，可左右分区调控，身高、体重、体型可记忆，悬浮支撑软硬程度能选择，大数据辅助定制个性化"睡眠密码"，为住客健康入眠保驾护航。

2.吃在乌村

乌村美食之旅体验丰富，选择众多，互动性强。游客可以亲身参与到果蔬采摘环节，享受田园乐趣时光，甄选的新鲜食材即刻转变为餐桌美味。新鲜健康的"1小时蔬菜"是乌村的又一特色。极具田园风情的早、中、晚餐，严格遵循"当餐到达，当餐使用"的原则，形成"从采摘到上桌1小时"的特色服务，美味又放心。烹饪方式地道传统，既关注每一个细节又锁住食材本味，让食客们充分体验到最新鲜的生态时蔬。400亩生态田园和180亩果蔬基地，一年四季为乌村食客提供超过150种农副果蔬品类。乌村的阳光玫瑰葡萄、水晶甘蔗、脆梨、黄桃、杨梅、枇杷、关河野生杂鱼、稻田走地鹅、桃林鸡、土鸡蛋、烤全羊等，深受广大新老村民熟悉和青睐。此外，主题西餐、丰富的甜品、喷香的米仓煲仔饭、村头茶馆本地阿姨特制的糕点、烤物等乡土美食，都让游客流连忘返。这些应季的瓜果蔬菜给新老村民们提供快递服务，这是"吃在乌村"的另一种延伸体现。

3.玩在乌村

乌村游乐活动丰富多彩，不仅有"接地气"的传统农耕体验（春种、夏趣、秋收、冬藏），更有"洋气"的现代化娱乐方式（VR、攀岩、乐高等）。无论是亲子、情侣、银发康养或独自旅行，在乌村总能找到合适的休闲方式。

乌村童玩馆为亲子家庭提供托管服务，既能让孩子玩得快乐，开展同龄社交，又能让家长解放双手，享受悠闲假期。游客可以早晨骑行、晨跑、射箭、钓鱼、体验小火车；下午摸鱼、钓虾、扎染，体验古典舞，参加烘焙课、竹编体验课等；晚上，在野鸭酒吧、泳池派对、篝火晚会、夜集市进行各种游戏互动。在乌村文化中心里，可以找到适合各个年龄层孩子的丰富项目，例如乐高积木、VR体验、攀岩墙、手工DIY坊等寓教于乐的趣味活动，家长可以托管孩子，尽情享受怡然假期，亦可陪伴孩子共度亲子时光。

乌村在自然生态的基础上，打造在地场景文化，融入体验式休闲度假项目。例如，在村头鱼塘、藕塘、龙虾塘、稻田、桃林、油菜地、梨园、鸡岛、甘蔗林等地参与插秧种稻、谷物收割、扎稻草人、竹筒野火饭、果蔬采摘、手磨豆浆、捡鸡蛋、采莲挖藕、钓龙虾、摸螺蛳、挖番薯、钻木取火、砍甘蔗+榨汁熬糖等一系列体验活动，都非常受欢迎。这些有深度的内容，将知识、体验、产品浑然融合，创造快乐的同时弘扬农耕传统文化，老、中、童各得其所，各得其乐。

东、西栅景区的丰富旅游资源，成为"玩在乌村"的另一种延展。漫步老街，了解枕水人家文化；参观木心美术馆，品味艺术之曼妙；走进乌镇大剧院，感受戏剧的震撼；坐上摇橹船，聆听古镇的故事；登上白莲塔，一览古运河的身姿；穿梭于国际互联网中心，感受传统文化与现代科技的融合；探访茅盾故居，感知文学的书香儒雅。无论是白天的小桥流水、细雨绵绵，还是晚上的荷塘映月、灯火阑珊，皆是乌村之旅的美好回忆。

四、模式创新：以乡村振兴促进共同富裕

乌村所在地原名东瑶村，是京杭大运河河畔的自然村落，村民以农业生产为主要收入来源。每天凌晨4点，村民们背上农副产品，穿过狭小泥泞的田间小道，到西栅沿街临时设摊售卖。随着城镇发展，2012年前后，村民集体搬迁至农民新村，一个江南村落就此安静下来，面临消失和文化断层。2014年乌镇旅游股份有限公司响应"乡村振兴"的号召，以高端乡村旅游度假区为建设目标，对村庄进行保护性开发，通过农旅融合促进了周边村民的共同富裕。

在全国"农家乐"遍地开花的年代，乌村选择了在保护原乡风情的基础上，打造高端休闲度假目的地，以旅游带动乡村振兴，

不仅为村民提供了丰富的就业岗位，旅游溢出效益也为周边村民带来了经济发展，实现了区域共同富裕。乌村的服务人员招聘优先考虑村民，农忙季节，村民在乌村的蔬果地里翻土、开沟、插秧、放牛、割草，在屋舍里打扫、帮厨，虽是做着原来熟悉的工作，享受的却是高品质的生活。乌村的果蔬食材均源自村民的劳动成果。随着景区的不断发展，越来越多的年轻人回乡创业，乌村外围的民宿、餐馆、商店、汽车接送服务，就是这些年轻人的创业项目，而年轻人也代表着乡村的活力和未来。

乌村凭借江南水乡、传统风貌、田园风光，有效促进生态、生产、生活、旅游的完美融合。惠民安民为乡村振兴提供了一种新样本，把美丽环境变成美丽经济、将资源禀赋转化为发展财富，不仅促进了共同富裕，还保留了原乡风貌，同时内在的时尚、现代、艺术也为乡村注入了勃勃生机。

五、良好的市场反馈：得到广大旅行者的青睐

乌村优美的生态环境和田园风光，以及独具特色的旅游产品和服务内容充分照顾到了每位旅行者的个体情绪，原汁原味的美食和生态农副产品融入江南水乡文化的在地场景体验。乌村项目一经开放，便受到广大游客的欢迎。他们从新村民变成老村民，二刷、三刷乌村屡见不鲜，很多老村民甚至每年都会带着家人来乌村度假，回乌村俨然已成为一种情节。良好的复购率，高水平的客单消费是乌村卓越品质的最好诠释。

六、经济价值和创新成效

乌村每年接待游客超20万人次，提供300多个就业岗位，年营收超过7000万元，其良好的可持续发展模式，成为新型中国乡村度假游的典范，得到广大旅行者、业界同行以及专家学者的一致好评。乌村多次荣登携程"度假农庄口碑榜"，耳目一新的文旅度假体验和良好的市场口碑，使得乌村度假游在微博、抖音、小红书等新媒体上得到广泛传播，其价值回报远不止于经济效益一个维度，更深远的意义在于对乡村场景文化的传承、对村落的保护与开发、对农耕与田园健康生活方式的倡导，并且满足了旅行者对于高品质自然度假生活的需求，打造出了一个当代世外桃源。

 **开篇语：**

尼山圣境位于孔子诞生地——山东省曲阜市尼山脚下，以儒家文化为核心，以"明礼生活方式"为主题，创新演绎孔子及儒家2600年文脉传承，是集文化体验、修学启智、生态旅游、休闲度假于一体的文化修贤度假胜地、中华优秀传统文化体验基地、世界级人文旅游目的地。

尼山圣境秉承打造当代精品、未来遗产的初心，以高山仰止之心，镌绘"孔子的世界，世界的孔子"，推动中华优秀传统文化的"创造性转化，创新性发展"，打造文旅标杆、传世之作，铸就艺术殿堂、文化圣地，成为世界文明交流对话的平台，中华文化走出去的名片。尼山圣境把厚重的儒家文化创新转化为受欢迎的旅游产品，打造"明礼生活"特色的旅游业态和消费场景，开创全沉浸式情景课堂，实现文化效应和市场效应的共振，以可触、可感、可听、可赏的多元形式，诠释"明礼生活"的真谛，演绎深度沉浸的文化盛宴。尼山圣境更是作为产业载体，搭建文旅产业融合发展平台，形成"有限尼山、无限产业"的发展格局，成为产业发展的引擎。

尼山圣境

当代精品，未来遗产

　　尼山圣境由无锡拈花湾文化投资发展有限公司（品牌名"拈花湾文旅"）董事长，无锡灵山文化旅游集团有限公司、曲阜尼山文化旅游投资发展有限公司战略规划委员会主席吴国平及其团队倾力打造。拈花湾文旅负责尼山圣境的运营管理，以及尼山讲堂、尼山宾舍的创意设计、效果把控，并为尼山圣境二期鲁源村提供全产业链服务。

　　尼山圣境一期规划占地面积8平方公里，2009年开始策划，2012年开工建设，2018年正式开园。由孔子像、大学堂、尼山讲堂、尼山书院酒店、尼山宾舍等主要景观和配套，以及大型礼乐演出《金声玉振》、文化夜游《天下归仁》、尼山圣秀等共同组成一个完整的儒文化主题景区。

2019年，尼山圣境开园首年接待游客125万人次，先后12次作为山东省文旅项目代表被央视及新闻联播报道，先后承办第五届至第九届尼山世界文明论坛、世界互联网大会数字文明尼山对话等大型国际文化交流活动，成为世界文明论坛永久会址。尼山圣境也成为国家重点旅游推介项目，并作为"山东曲阜优秀传统文化传承发展示范区"的重大建设工程被列入国务院"十三五"规划纲要，被评为山东省发展文化旅游产业重点工程，山东省第一批齐鲁优秀传统文化传承创新工程重点项目，山东省十大文化旅游目的地品牌骨干项目重点工程，山东省新旧动能转换重大项目库第一批优选项目。

一、精心策划，创意为先

尼山，奇不过三山，高不过五岳。过去只有平凡的村落，寻常的山水，波澜不兴，却蕴藏着最深厚的文化底蕴，因为尼山孕育了孔子。尼山拥有得天独厚的IP，却也让每一个文化工作者敬畏不已。要想不负尼山，必须有大手笔、大格局、大气魄，打造出经得起时代验证、经得起时间检验的传世工程、未来遗产。从文化创意开始，尼山圣境创作团队就以高山仰止的心态，以文化策划的智慧和创新、创意、创造的理念，精心构建每一项工程、每一处景观、每一幢建筑、每一项活动。

尼山圣境的文化核心无疑是孔子和儒家文化，但是要以怎样的方式去呈现怎样的气韵，尼山圣境团队云集儒学专家学者、艺术家、文化工作者、创意策划专家，翻阅2000多年留存的经典和研究论述，最终确定了对尼山的设想和定位：不是宗教神殿，却具有感召力；不是圣人庙堂，却让人心向往之；不是一家之言，而是优秀传统文化集大成；不是儒学复古，而是文明新地标；不是国粹集合，而是艺术创作殿堂。让尼山跨越时空和国界，成为文明溯源之地，民族精神家园，同频时代脉搏，打造中华文化走出去的新名片。

二、圣人圣境，传世之作

"智者乐水，仁者乐山"。登高望远，临水而观，是孔子的山水情怀。尼山圣境"倚山临水，随形就势"，依托于尼山和孔子湖，核心景点孔子像、尼山讲堂、大学堂以"品"字形结构排布，以孔子像为精神和空间制高点层层递进，共同铸成大气磅礴的尼山圣境整体气象，展现儒家文化的精神秩序和礼制文化。

在孔子的诞生地，树立一座世界上最好的孔子像，是对尼山圣人圣山圣水圣境格局的点睛之笔。尼山圣境孔子像，由著名雕塑家吴显林创作，以传世最广的唐代吴道子《先师孔子行教图》为参考，经历32次易稿，力求再现孔子"可亲、可敬、师者、长者、智者"的形象。在建设的过程中，我们运用三维扫描、超薄铜壁板成像、曲面多变铜壁板精密加工、精准拼接等技术，再辅以人工打磨，完美呈现出世界最高、结构最复杂、造型最精细的72米孔子像，再现"夫子凌云而金声玉振"的圣人气韵。72米寓意孔子72位贤人弟子；中轴路天命大道共260级，承载孔子思想2600年的传承；两侧3000棵杏树，如孔子的3000弟子聆听在侧。

大学堂和尼山讲堂依山而建，依山势层层后退，以不对称的体块构成动态均势，建筑外观大气磅礴，建筑风格拙朴自然，力求开创儒家思想智慧与现代建筑艺术完美结合的新东方古典风格。大学堂台基和外墙为青石做旧处理，每块石料经历数十道工序，再手工凿刻360道长短不一的斜纹，一位熟练的工匠每天仅能完成10余块。大学堂建筑的123000块石板，经百名尼山石匠1.5亿次敲打，锤炼出2600年的历史厚重感。

三、艺术殿堂，文化圣地

大学堂，规制闳敞，气度恢宏，以精美绝伦的艺术创作生动讲述孔子、儒家文化以及中华优秀传统文化。桁檀梁枋、斗拱飞檐，一榫一卯之间，一转一折之际，一凹一凸之中，凝结着中国几千年建筑文化与古典工艺的精粹。大学堂大量应用廊柱、穹顶等建筑手法，集合殿、堂、厅等中国传统的建筑形式，力求建成既充满传统文化元素、又富有文化创新的传世文化建筑之作。金银错、失蜡法、东阳木雕、苏绣、泥塑、生漆脱胎、瓷版画、漆画等各类非物质文化遗产、传统艺术、民间工艺，各出一奇，莫有同者，沉淀华夏文明绵延不绝、历久弥新的文化和智慧。

大学堂汇集中华传统文化之大成、中华传统艺术之大观、中华当代文化成就之大器，构成集博物、典礼、讲堂、会议、演艺以及其他配套功能于一体的综合性文化旅游建筑，是智慧的宝库，艺术的殿堂，文明的精粹、文化的圣地。

走进大学堂，俯仰之间皆是国家非物质文化遗产传承精粹。尼山六景双面绣，采用苏绣中最复杂的双面绣工艺，由3位国内顶级苏绣大师、200余位绣娘共同绣制而成；"大学之道"两侧的青铜凤凰，造型以春秋战国时期凤凰形象为基础，集萃历代演变特点，采用失蜡法、金银错等中国古代金属铸造装饰工艺打造；麟凤呈祥藻井，采用东阳木雕创新技法，雕刻157只凤凰和81只麒麟，流光溢彩，生动优美。

七十二贤廊的31组壁龛泥塑，每一组都取材于《论语》《左传》《史记》等经典，形神兼备，栩栩如生，泥塑而成却带有玉石的光泽质感，生动再现72位贤人弟子如切如磋的求学情景。独有的中式美学思想、造型理念、哲学思辨色彩，见证着传统彩塑艺术穿越千年不朽的魅力。仁厅顶部"万凤图"，是国内罕见的近3000平方米的巨大手工彩绘壁画，面积近7个标准篮球场大小，绘有232只凤凰，作品由40余位彩绘工匠，在24米高空的脚手架上一笔一画，经过10道传统工序，历时8个月打造而成。

四、深度沉浸，文化盛宴

孟子说，孔子"集大成也者，金声而玉振之也"。尼山圣境大型礼乐舞台剧《金声玉振》立意于此，由著名舞美灯光设计师沙晓岚担任总导演，以礼乐文化为主题，取材《礼记》《周礼》《仪礼》等经典，用一组原创文化盛宴讲述普通人在儒家思想和礼乐文化熏陶下成长成材的一生。

《金声玉振》将诗、乐、舞等中国古典艺术形式与当代最前沿的舞台装置、大型机械、全息影像和声光电等技术相结合。110名专业演员，400多平LED屏幕，8台激光投影机，300多部舞台灯光，2条贯穿剧场的直线滑轨，1个国内首部可升降双侧翻转机械舞台。大型竹简LED地屏横贯全场，竹简的每一根竹片均可移动组合，变换出山峦、丛林、田野、书斋、殿堂等视觉形象。剧目音乐以"韶乐"为创作题材，以中国古典乐器"八音"为基础，融入西方交响化的创作手法，将"美之声，善之声，德之声"浸润入心。全景沉浸的舞台，悠远宏大的音乐，恢宏壮阔的史诗，一幅礼乐画卷穿越时空长河缓缓展开，为观众带来震撼心神的礼乐文化洗礼。

《金声玉振》演出作为国家艺术基金资助项目，自2019年至今演出平均上座率近80%，高峰时期一票难求。2023年，《金声玉振》被文旅部评为全国旅游演艺精品名录。

五、文明对话，文化名片

2013年，习近平总书记视察曲阜时指出，"一个国家、一个民族的强盛，总是以文化兴盛为支撑的，中华民族伟大复兴需要以中华文化发展繁荣为条件"。尼山圣境作为一项负有时代使命的历史文化工程，致力于展示民族文化魅力、增强民众文化自信，促进文明交流互鉴、推动中华文化走出去，提高中华文化在国际上的影响力。尼山圣境以国际化视野，着力搭建文化交流、文明互鉴平台，积极致力于打造具有世界影响力的"人类文明对话与交流中心"。

尼山圣境开园以来，先后成功举办了第八届世界儒学大会，第五届至第九届尼山世界文明论坛，2018央视中秋晚会，2019国际儒学论坛，2020中国网络诚信大会，2021"一带一路"年度汉字发布活动，2023年世界互联网大会数字文明尼山对话等一系列具有国际影响力的大型文化交流活动，引起国内外广泛聚焦。2019年8月25日，由教育部、山东省委省政府和相关教育研究机构牵头筹建的尼山世界儒学中心在尼山圣境揭牌成立。尼山世界儒学中心落户尼山，标志着全球儒学研究传播交流实体平台的诞生，标志着世界儒学大师汇聚力量、合力探索新局面的形成，也标志着世界儒学研究中心正在从海外向中国大陆迁移。

讲好山东故事、讲好中国故事，尼山圣境树立起了向世界展示儒家思想文化及中华优秀传统文化的新名片，被誉为"让世界认识山东、了解中国的又一前沿窗口"。

六、创新业态，激活市场

尼山圣境以文化赋能旅游，结合深厚的文化底蕴，打造特色旅游业态，创新文旅体验方式，实现了文化效应和市场效应的同频共振。立足儒家文化底蕴和景区文化IP，尼山圣境在吃、住、行、游、购、娱各业态上实现了与文化的深度融合。

尼山圣境深挖、创新、活化景区文化资源，先后研发完成明礼生活、文化体验、现场教学、尼山讲堂、圣迹寻踪五大模块的70余项体验活动及课程项目，满足不同年龄、不同时间、不同地点的各类研学需求，与武汉知行合作研发《孔子的水世界》，开展标准化研学课程建设，孵化出《鼓瑟吹笙》《手读论语》《尼山食礼》等一系列文化研学精品产品，荣获首届山东省研学旅行创新线路设计大赛一等奖，被评为全国研学旅行基地（营地）。

夜间是消费的黄金时段，尼山圣境精心构建夜间旅游业态，创新打造夜间旅游产品和消费场景，培育夜间经济增长点。尼山圣秀、天下归仁等文化夜游项目，通过优秀传统文化与现代科技深度融合，将音乐、喷泉、激光、水雾、无人机、烟花、裸眼3D进行完美融合，为游客打造深度沉浸的文娱体验，让游客在音乐美、色彩美、画面美、艺术美中领略夜色尼山不一样的视听，在裸眼3D交互投影中感受传统文化穿越时空的不朽魅力，进一步激发传统文化的活力。尼山圣秀被誉为引领山东省文化夜游的"新地标"。2021年，尼山圣境入选第一批国家级夜间文化和旅游消费集聚区。2023年，尼山圣境文化夜游入选第一批全国智慧旅游沉浸式体验新空间培育试点。

尼山讲堂建筑面积3.2万平方米，作为承办众多大型国际会议的会议中心，是促进国际文化交流的文化大讲堂，极大拓展了尼山圣境的文化中心功能。配套酒店尼山宾舍、尼山书院酒店拥有400多间精品客房，可满足大型会议、论坛及研学旅游、休闲度假等各类住宿需求。尼山书院酒店以"耕读文化"为主题风格，定位为"中国最具儒家文化体验价值的书院式酒店"，独具儒家耕读特色和书院气质，集度假休闲、会议、特色餐饮、文化体验等功能于一体，是一个开放式文化体验空间，住客可以体验"田园躬耕、明礼致道、山居见性、围炉论道、草堂修身"等耕读文化氛围。

截至2023年底，尼山圣境累计接待国内外游客490万人次。2023年全年入园人数达到164万人次，同比2019年增长31%，同比2022年增长220%。在经历了3年疫情的考验后，尼山圣境迎来更加广阔的发展空间，深厚底蕴绵绵发力，上升势头愈加稳健，市场效应不断放大。随着在线旅游平台、新媒体平台的快速发展，尼山圣境借助优秀的文旅体验、创新的运维模式、新颖的推广方式，成为各大在线旅游平台的热销产品，收获好评无数。尼山圣境在携程网、抖音、小红书等平台收获了大批粉丝，成为深受广大游客喜爱、获得市场高度认可的文化体验、旅游度假胜地。

七、有限尼山，无限产业

尼山圣境围绕"明礼生活方式"核心文化主题，按照"宜融则融、能融尽融"的思路，积极开展跨界合作，探索"文化+""旅游+"新模式，先后与至圣孔子基金会、灵山慈善基金会、孔子研究院、中国歌剧舞剧院、曲阜师范大学、山东大学儒学高等研究院、孟子研究院、中建国际等十几家高校、科研院所及相关单位达成一系列战略合作，共推文旅融合发展。尼山圣境还成为乡村振兴的产业引擎，有力拉动景区周边鲁源新村、夫子洞村等乡村旅游、文化经济发展，造一片美景，富一方百姓，实现了社会经济综合效益的显著增长。

正在建设的尼山圣境二期鲁源村项目，以"明礼生活"的全沉浸式情景课堂为特色，创新"大文旅+大教育"模式，建设文旅教育融合的体验式景区和研学产业示范区，打造中国研学旅游第一高地。未来，尼山圣境将围绕打造大文化园区、大教育园区、大旅游园区的战略，聚焦"文旅+"大产业，以高集聚、全开放、大市场的跨界思维，集聚、整合国内外的一流文化机构、著名科研院所、知名文旅企业、品牌教育集团、优秀互联网企业、投融资渠道、营销宣传等顶级资源，搭建好文旅产业融合发展平台、资源要素集聚平台、行业智库创新平台、国际文化交流合作平台。延伸、拓展、健全文旅产业链，形成"有限尼山、无限产业"的发展格局。

尼山圣境，秉承打造当代精品、未来遗产的初心，以高山仰止之心，虔敬至诚，镌绘"孔子的世界，世界的孔子"，在文旅深度融合发展的时代大潮中，推动中华优秀传统文化的"创造性转化，创新性发展"，打造文旅标杆、传世之作，铸就艺术殿堂、文化圣地。